Georg Glonner

# Der göttliche Erzieher

VERLAG GEORG GLONNER

*Für Thomas Rösner*

Zweite Auflage 2016

Umschlag und Illustrationen: Georg Glonner
Umschlagabbildung: Die Erschaffung der Welt,
Ikone von Georg Glonner
Druck und Bindung: Books on Demand GmbH, Norderstedt
Printed in Germany
ISBN (Hardcover) 978-3-946439-42-4
ISBN (epub) 978-3-946439-51-6
ISBN (Paperback) 978-3-946439-81-3

Weitere Informationen zu diesem Buch und dem gesamten
lieferbaren Verlagsprogramm finden Sie unter
**www.geokaste.de**

# Inhaltsverzeichnis

# Vorwort zur zweiten Auflage

In dem Bemühen, die vielen Fragen, die meine Schülerinnen und Schüler während des Unterrichts an mich richteten, angemessen zu beantworten, erstellte ich ab 2009 eine Sammlung von Fakten und Argumenten, die vor allem um die Themen Gott und die Kirche kreisten. Daraus formulierte ich zunächst das vorliegende Buch, das für eine breite Öffentlichkeit die Vorstellungen reflektieren soll, die in unserer Gesellschaft über Gott verbreitet sind. In meinem zweiten Schritt habe ich dann den faszinierenden Versuch gewagt, anhand ausgewählter biblischer Texte die Methoden zu untersuchen, durch die uns Gott in seiner Offenbarung allmählich zum christlich-biblischen Monotheismus erzog.

Die erste, kleine Auflage des vorliegenden Buches wurde erfreulich gut angenommen, was bereits nach wenigen Monaten einen Nachdruck erforderlich machte. Dankenswerterweise habe ich von meinen Leserinnen und Lesern wertvolle Hinweise und Anregungen erhalten, die ich gerne in den Text einarbeitete. Herausgekommen ist eine um zehn Seiten längere, überarbeitete Ausgabe meines Werkes, die die vorliegende Zweitauflage rechtfertigt.

München, an Ostern 2016
Georg Glonner

# Einführung

„Herr Glonner, was Sie hier machen, interessiert doch keinen – und Gott gibt's doch eh' nicht!" Solche und ähnliche Reaktionen schlugen mir im Religionsunterricht immer wieder entgegen. Daraufhin beschloss ich, eine Umfrage zum religiösen Leben zu entwickeln. Im Laufe der vergangenen Jahre habe ich mittlerweile über 600 vorwiegend katholische Schülerinnen und Schüler aus Gymnasien und Berufsschulen der Jahrgangsstufen 5 bis 12 und dazu eine Reihe älterer Besucher meiner Vorträge zu ihren Gottesvorstellungen befragt. Die Ergebnisse liefern ein ganz anderes Bild. Weiterhin trug ich aus Büchern Benedikts XVI., Manfred Lütz' und vieler anderer Autoren Argumente zusammen, die es mir ermöglichen sollten, auf Bemerkungen wie der obigen angemessen reagieren zu können. Aus meinen Bemühungen entstanden über die Jahre mehrere Bücher, die sich mit Gott, der Kirche, und dem Menschen auseinandersetzen.

Im vorliegenden Buch wollen wir der Frage nachgehen, wie denn Gott mit uns Menschen umgeht. Tatsache ist, dass sich eine Existenz Gottes naturwissenschaftlich nie nachweisen lassen wird, weil Gott als der Ganz Andere mit nichts in der Welt vergleichbar ist. Als Schöpfer der Welt kann er gar nicht mit Messinstrumenten erfasst werden, die selbst aus Teilen der Schöpfung gebaut sind. Wir dürfen das mit Leonardo da Vincis berühmtem Gemälde der Mona Lisa vergleichen: Leonardo schuf durch verschiedene Farbschichten auf der Leinwand etwas, das wir als schönes Frauenporträt wahrnehmen. Seine Idee und sein technisches Können haben in dieses Bild Eingang gefunden. Es ist aber weder die Mona Lisa selbst, noch Leonardo selbst. Der Künstler ist von seinem Werk grundverschieden – er ist nicht Farbe und Leinwand und sein Bild ist nicht Fleisch und Blut. Insofern ist Gott als Schöpfer des Universums auch mit nichts in diesem gewaltigen Werk zu vergleichen; er ist davon grundverschieden. Er ist beispielsweise nicht von Raum und Zeit begrenzt, sondern überall und ewig. Und weil er nicht innerweltlich ist, wird er sich naturwissenschaftlich eben nie erfassen oder gar beweisen lassen – das Gegenteil natürlich auch nicht.

Wir wollen also in diesem Buch davon ausgehen, dass dieser Gott tatsächlich existiert und dass er, wie es der Erfahrung unzähliger Menschen entspricht, die die Bibel schrieben, sich auch aktiv in den Lauf der Welt einmischt. Darum wollen wir uns hüten, Gott zu einem Phänomen des menschlichen Bewusstseins zu degradieren, das zusammen mit dem menschlichen Geist gewachsen sei[1] und wollen die christlich-biblische Überzeugung ernst nehmen, dass wir Menschen zu allen Zeiten mit Gott dem Ganz Anderen in Beziehung stehen, weil er das will. In diesem Bewusstsein sind alle Texte der Bibel entstanden: Gott ist der Aktive, Gestaltende. Der Mensch ist sein Dialogpartner – von Gott selbst sogar auf Augenhöhe gehoben – aber eben nicht der Macher.

Aus dieser Voraussetzung heraus wollen wir versuchen, zu zeigen, wie wir Menschen Gott allmählich kennen lernten und wie uns diese Beziehung zu ihm in unserem Menschsein weiterbrachte. Schon der große Gelehrte und Kirchenvater Gregor von Nazianz sprach vor 1600 Jahren in diesem Zusammenhang von einer „*Pädagogik Gottes an uns Menschen*".[2]

Wie kommt Gregor darauf, dass Gott uns Menschen erzieht – bilden wir uns das alles nicht nur ein? Natürlich kann man Vieles – auch zentrale Aussagen des Glaubens – wissenschaftlich erklären. Beispielsweise, dass Jesus „am dritten Tage" von den Toten auferstanden sei. Das Motiv wurde bereits vom Judentum aus der damaligen „Leitkultur" Ägyptens übernommen, wo der Kindgott Chons im jungen Mond verehrt wurde. Aus der Beobachtung der Welt heraus schlossen die ägyptischen Priester, dass der abnehmende Mond immer schwächer wird und der Mondgott schließlich wie ein Greis stirbt. Drei Tage später aber erscheint die schmale Sichel des jungen, zunehmenden Mondes; die Wiedergeburt des Kindgottes Chons am dritten Tage![3] Es lässt sich wissenschaftlich aber nicht so einfach belegen, weshalb sich die Könige Israels ganz offensichtlich an die Weisungen der Tora gebunden fühlten, obwohl sie sich ursprünglich genauso göttlich präsentierten, wie ihre ägyptischen und altorientalischen Kollegen.[4] Selbst wenn das für die Zeit vor dem Babylonischen Exil nicht beweisbar ist – die späteren Makkabäerkönige und Herodes berücksichtigten diese Einschränkung durch das Gesetz Gottes: ein einmaliger Fall im ganzen römisch-hellenistischen Raum, der von der göttlichen Allmacht des Königtums durchdrungen war. Sie konnten es nicht wagen, ihrem Volk gegenüber mit göttlichem Anspruch aufzutreten, weil Gottes Erziehungsarbeit das jüdische Volk bereits soweit geführt hatte, dass es neben Gott keinen anderen „göttlichen" König hingenommen hätte.

Wir müssen uns in diesem Zusammenhang bewusst machen, dass der Mensch eigentlich nur im Angesicht Gottes

Mensch ist. Versuchten wir, den Menschen abgekoppelt von dieser Realität zu betrachten, wird er automatisch zu einem nackten Affen, jeder Menschenwürde und aller Menschenrechte entkleidet; denn es ist nicht einzusehen, weshalb sich diese Spezies einfach selbstgefällig über alle anderen auf dieser Welt stellen darf. Die unveräußerliche Würde des Menschen und seine Bedürfnisse nach Gemeinschaft, Liebe, Sinn und Gerechtigkeit, sofern sie nicht Irrsinn sind, fordern also regelrecht die Existenz Gottes, wie wir noch sehen werden.

Wenn wir also von der Existenz Gottes ausgehen, müssen wir uns die Vorstellungen von Gott näher betrachten, die in unserer Gesellschaft kursieren. Denn meine befragten Schüler haben ihre Vorstellungen ja zumeist aus der Familie übernommen und diese spiegeln einen Großteil unserer Gesellschaft wieder.

Im umfangreichen zweiten Teil dieses Buches wollen wir uns dem Gottesbild zuwenden, wie es die Menschen der Bibel über die Jahrhunderte gewonnen haben. Unzählige Menschen erfuhren Gott als einen, der aktiv in das Weltgeschehen eingreift, uns Menschen sein Wesen zeigt und mit uns in Kontakt treten will. Offenbarung nennen wir diesen Prozess, der gleichzeitig auch uns Menschen umformt. Indem Gott uns sein Wesen offenbart, erzieht er uns gleichzeitig, wie es eben Gregor von Nazianz formuliert hat. Wir wollen versuchen, diese pädagogische Offenbarung Gottes in ausgewählten biblischen Texten in ganz groben Strichen nachzuzeichnen.

Letztlich ist das Reden von Gott dann auch immer ein Reden vom Menschen. Deshalb wird es uns auch darum gehen, das Menschsein, wie es uns eigentlich zukommt, zu umreißen.

Den Betrachtungen dieses Buches liegt eine Umfrage zugrunde, die ich bislang bei 627[5] vorwiegend katholischen Personen durchgeführt habe; vor allem Schülerinnen und Schüler aus verschiedenen Gymnasien, Berufsschulen und Berufsoberschulen in München und den Landkreisen Freising, Miesbach, München, Rosenheim und Traunstein. Davon gehören 307 Schüler den Jahrgangsstufen 5 bis 8 und 259 Schüler den Jahrgangsstufen 9 bis 12 an. Dazu kommen noch 44 evangelische Schüler aus den Jahrgangsstufen 11 und 12 sowie mehrere erwachsene Hörer meiner Vorträge.

Bevor wir aber nun mit unseren Betrachtungen fortfahren wollen, sollen Sie, liebe Leser jene Fragen für sich beantworten, welche Vorstellung von Gott Sie eigentlich haben. Markieren Sie bitte zunächst in der folgenden Liste jene Vorstellungen, die sie *jetzt* haben mit einem **x**. Am Ende des ersten Teils werden Sie aufgefordert werden, Ihre Vorstellungen abermals anzugeben. Markieren sie dann diese bitte mit einem **o**. Und am Ende des Buches schließlich wiederholen Sie den Vorgang und markieren Sie mit einem ✱. So können Sie feststellen, ob meine Ausführungen Ihre Vorstellungen von Gott verändert haben, ob es einen Beitrag dazu leisten konnte, dass Sie Gott nun aus einer anderen Perspektive sehen:

[ ] Gott ist eine Energie; er ist in allem, in jedem Stein, in jedem Lebewesen.

[ ] Alles was man sich noch nicht wissenschaftlich erklären kann, wird Gott genannt.

[ ] Es gibt keinen Gott. Es handelt sich nur um eine Illusion oder ein Kindermärchen.

[ ] Gott hat die Welt erschaffen; seither läuft sie nach seinem Willen ab, er greift nicht mehr in ihrem Lauf ein.

[ ] Die Naturgewalten sind Gott. Mit Opfern oder Gebeten kann ich ihn mir günstig stimmen, so dass er mir hilft.

[ ] Gott wacht über Allem; er kennt alles, weiß alles; er bestraft mich, wenn ich was falsch gemacht habe.

[ ] Gott kennt mich persönlich, er liebt mich und will mit mir in Beziehung treten.

[ ] Gott ist ein alter, weiser Mann mit Rauschebart, der im Himmel wohnt.

[ ] Gott steht über allem. Alles ist ihm unterworfen. Wir können ihm nur dienen, indem wir seine Gebote befolgen.

[ ] Gott hat die Welt erschaffen und wirkt in der Welt – auch durch Menschen, die nach seinem Willen handeln.

[ ] Es gibt keinen Gott – wohl aber eine höhere Macht.

[ ] Meine Vorstellung:

Wiederholt wird im Zusammenhang mit meiner Umfrage zwischen „Hochreligiösen", „religiös Distanzierten" und „Nichtreligiösen" unterschieden. Der Religionsmonitor 2008 definiert die Zugehörigkeit zu den einzelnen Gruppen religiöser Prägung folgendermaßen:

- Hochreligiöse besuchen regelmäßig den Gottesdienst und richten ihr Leben nach den Vorgaben ihrer Religion aus;
- Religiös Distanzierte erscheinen nur selten zu Gottesdiensten, beispielsweise zu den Hochfesten wie Weihnachten oder Ostern oder zu Familienfesten wie Taufe, Erstkommunion, Firmung oder Hochzeit. Die Religion ist für sie eine Art „Hintergrundmusik" des Lebens und als solche für ihre Lebensführung nicht zu unterschätzen;
- Nichtreligiöse besuchen keine Gottesdienste. Religion spielt in ihrem Leben auch keine Rolle.

Ich möchte darauf hinweisen, dass alle abrahamitischen Religionen, Judentum, Christentum und Islam, sich scheuen, den Namen Gottes in den Mund zu nehmen. Gott gab sich im Brennenden Dornbusch vor Mose selbst einen Namen, Jahwe, der „Ich bin da". Ich möchte in diesem Buch diese Scheu, die uns auch das Zweite Gebot auferlegt, insofern Rechnung tragen, dass ich, wenn ich den Gottesnamen nenne, ihn mit den vier Konsonanten umschreibe, die die hebräische Bibel verwendet: JHWH.[6]

# 1. Ein Gott, der sich offenbart

„Offenbarung" nennen wir eine wesentliche Eigenschaft unseres Gottes: Er bleibt seiner Welt und uns Menschen nicht dauerhaft verborgen, sondern er teilt sich uns mit, er zeigt uns wie er ist. Das klingt unserer heutigen Gesellschaft, in deren Realität Gott keine Rolle mehr spielt, fremd. Und leider schlagen evangelische Theologen wie Haberer und Küstenmacher[7] genau in diese Kerbe des Zeitgeschmacks, wenn sie Gott mit viel Anspruch an Seriosität und Kompetenz zu einem Phänomen des menschlichen Bewusstseins degradieren, das zusammen mit dem menschlichen Geist gewachsen sei. Was die geistige Entwicklung des Menschen betrifft, mag darin viel Wahres liegen – Gott aber, und dem nach Wärme, Licht, Geborgenheit, Anerkennung und Liebe,[8] nach Sinn und Glück suchenden Menschen wurde damit kein Dienst erwiesen. Wollten wir das, wäre es uns ein Leichtes, auch aus dieser Untersuchung Gott als eigenständige Person herauszulösen und eine rein religionswissenschaftliche Arbeit zu verfassen. Wir tun das nicht, weil wir von der Überzeugung ausgehen, dass es diesen Gott wirklich gibt. Denn es ist eine aus Jahrhunderttausenden[9] erwachsene, gesamtmenschliche Erfahrung und Überzeugung, dass dieser Gott tatsächlich existiert und sich aktiv in die Welt einbringt. Damit wir auch von Gott sprechen und nicht von einem zwar imposanten aber eben nicht göttlichen Wesen, muss er zu allem, was es im Universum gibt, grundverschieden sein – noch verschiedener, wie es der bereits erwähnte Leonardo da Vinci zu seinem Gemälde der Mona

Lisa war. Und damit wir auch wirklich bei Gott selbst und nicht bei einem seiner Geschöpfe ankommen, muss er einer sein; neben der Zeit existierend, also ewig, unvergänglich und wirkmächtig. Und Gott ist raumgreifende Dynamik: er ist Grund und Voraussetzung aller Räumlichkeit, ist selbst aber nichts davon.[10] Daraus resultiert auch, dass wir diesem Gott Wunder zutrauen dürfen, wovon die Bibel immer wieder spricht. Wie sollte nämlich jemand, der selbst Teil der Welt ist, die Naturgesetze, denen er selbst unterworfen ist, außer Kraft setzen können? Das war den biblischen Autoren durchaus schon bewusst.

Würde sich Gott der Allmächtige und Ganz Andere in seiner ganzen Herrlichkeit und Andersartigkeit vor uns Menschen hinstellen, würden es keiner von uns ertragen – oder wir würde es mit unseren Sinnesorganen überhaupt nicht wahrnehmen können. Auf alle Fälle würde es uns wohl jede Freiheit nehmen. Denn Gottes Allmacht müsste unsere Zustimmung erzwingen. Wir könnten gar nicht anders, als uns ihm bedingungslos zu unterwerfen.

Da Gott uns Menschen aber liebt, nimmt er uns so, wie wir sind und wie er uns geschaffen hat. Gott will uns darum mit seiner Offenbarung nicht überfordern. Er nähert sich uns Menschen allmählich und geduldig über einen Zeitraum von Jahrtausenden an und zeigt sich uns „tropfenweise". Diese langsame Annäherung gipfelte nach christlicher Überzeugung in Gottes eigener Menschwerdung in Jesus Christus, seiner Weisung und seiner Hingabe am Kreuz.

Im deutschen Begriff „Offenbarung" ist das Wort „bar" enthalten, wie wir es auch in den Begriffen „barfuss", „Bargeld" oder „Barmherzigkeit" finden. „Bar" bedeutet *unverhüllt, nackt, bloß*. In unserem Fall öffnet sich uns Gott, er will unverhüllt vor uns stehen, so wie eine Mutter, die sich ihrem Baby gegenüber unverhüllt, ganz offen zuwendet; Mutter und Kind begegnen sich ohne Rollen, Masken und Fassaden, ganz unmittelbar von Mensch zu Mensch – so wie es die Grundbedeutung von „barmherzig“[11] aussagt.

Damit setzt der deutsche Begriff *Offenbarung* in seiner Art um, was der griechische Begriff *Apokálypsis* beinhält: auch hier geht es um eine „Ent-Hüllung“. Gott zeigt sich uns so, wie er wirklich ist, jenseits von Gerüchten, Klischees, Eigeninteresse und Anderem, was die Wahrheit überdekken könnte.

Das ist keineswegs selbstverständlich in der Religionsgeschichte. Zu allen Zeiten bestand eine trennende Kluft zwischen dem „gewöhnlichen“ Menschen und dem Ominösen, Göttlichen. Diese Kluft zeigt sich dort, wo es nur bestimmten Personen, Priestern oder Schamanen, zugestanden wird, mit dem Göttlichen in Verbindung treten zu können. Oder sie wird sichtbar in den Tempeln der Ägypter, Griechen und Römer, in denen das Götterbild für die normalen Menschen gewöhnlich verborgen bleibt. Mit alledem wird natürlich eine bedeutsame Wahrheit angezeigt: das Göttliche ist für uns Menschen nicht so einfach greifbar – das würde Gott ja auf die ganz handfeste menschliche Ebene herunterziehen. Gott aber kann durch uns nicht „be-griffen“ werden. Auch die begabtesten Schamanen oder Medien können ihn nicht in die Hand bekommen. Diese Kluft deuteten schon die griechisch-römischen Philosophen der Epikureer mit Recht an, indem sie den einen Gott, den Schöpfer der Welt unüberwindbar von den Menschen wegrückten.[12]

Nur wenn wir diesen abgrundtiefen Abstand zwischen Gott und dem Menschen, zwischen dem Heiligen und dem Profanen ganz ermessen, nur dann steht es uns mit ganzer Klarheit und Tragweite vor Augen, was es bedeutet, dass sich nun gerade dieser Gott, der Schöpfer des Universums, der ganz grundverschieden von allem in der Welt ist, wenn er, der Unendliche, Allmächtige, Einzige auf uns zugeht, sich uns enthüllt, „offenbart" als einer, dem wir auf Augenhöhe gegenübertreten dürfen; dass er sich für unsere beschränkte – weil endliche – Vernunft selbst begreifbar macht.

Ratzinger umschreibt uns Menschen als von Gott Gerufene. Wie soll man sich diesen Akt der Offenbarung konkret vorstellen? Wie geht Gott vor, wenn er sich nicht in seiner Allmacht und Andersheit vor uns hinstellen kann? Kein Mensch kann doch Gott wie Don Camillo im Film unmittelbar hören oder sehen.

Um das Rufen Gottes meinen Schülern zu verdeutlichen, gehe ich aus dem Klassenzimmer und schließe die Tür. Nach kurzem Augenblick klopfe ich leise an. Die Reaktionen darauf sind unterschiedlich. Da ist auch schon mal ein „Macht nicht auf!" durch die Tür zu hören. Irgendwann aber kommt doch ein Schüler und öffnet. Ähnlich müssen wir uns den geduldigen Ruf Gottes zu allen Menschen vorstellen: Es geht nicht um ein hörbares Rufen, sondern um einen Impuls, der zum Handeln auffordert. In unserem täglichen Leben, angesichts der Schönheit der Natur, der Liebe eines Menschen aber auch von Ungerechtigkeit, Not und Leid richtet Gott seinen Ruf an uns. Er stellt uns seine Perspektive von der Welt wie sie sein sollte vor Augen und erwartet unsere Reaktion angesichts der gegebenen Zustände – nicht unbedingt global aufs Ganze gesehen, sondern vielmehr in ganz konkreten Einzelfällen. Er belässt uns die Freiheit, diesen Ruf zu ignorieren oder darauf zu reagieren. Anders gesagt: Der Glaube kommt von außen, er kommt von Gott auf uns zu. Und er ist für *alle* Menschen bestimmt.[13]

Natürlich könnten wir nun einwenden, das seien Regungen aus der eigenen Gefühlswelt oder aus dem eigenen Gewissen und keine Rufe von außen. In diesem Fall wäre danach zu fragen, wie es zur Entwicklung eines Gewissens kam, da wir ja anders als die Tiere nicht mehr ausschließlich durch Instinkte gesteuert werden. Das Gewissen als evolutionäre Umformung der Instinkte und Triebe zu definieren, wäre zu billig, genauso wie das Argument, wir würden uns nur einbilden, selbst entscheiden zu können, während wir tatsächlich an unsere Instinkte gebunden bleiben. Unsere Entwicklung vollzieht sich stets in der Beziehung zu einem Du. Wie sollten sich also hier gesamtmenschliche Maßstäbe entwickelt haben, wenn ein entsprechendes, universales, alle Menschen ansprechendes Du fehlt? Dies lässt sich freilich nicht beweisen – wie eigentlich alle Phänomene, die die Menschheit als Ganze prägen, wie beispielsweise die Liebe, die Gerechtigkeit oder das Schöne.

Damit Gott in Beziehung treten kann, muss er eine Voraussetzung aufweisen, die auch uns Menschen eigen ist: er muss *Person* sein. Was bedeutet dieser Begriff? Was unterscheidet ihn beispielsweise vom Individuum, vom unverwechselbaren Einzelnen? Der Begriff hat zwei Wurzeln. Da ist zunächst der griechische Ausdruck *Prósopon.* Er bezeichnet das „*was man vor dem Gesicht trägt*“, also die Maske des Schauspielers im Theater. Auch aus dem Genre des Theaters kommt die zweite Wurzel, das lateinische *persona.*

Das ist das, was „*durch die Stimme*“ vermittelt wird, nämlich die Papierrolle, auf dem der Text des Schauspielers steht, seine „Rolle“. Beides definiert sich durch die Beziehungen, in der die Darsteller stehen. Genau besehen ist das bis heute nicht anders. Ein Theaterstück, eine Oper, ein Film mag noch so viele *special effects* aufweisen, noch so viel *action* auf die Bühne zaubern, jedes Schauspiel lebt existenziell von dem Umgang verschiedener Menschen und Charaktere, die miteinander reden, streiten, sich liebkosen oder gegeneinander kämpfen. Person ist also jemand, der mit anderen Personen in Beziehung steht. Gott nun ist einer, der sich uns trotz seiner fundamentalen Andersartigkeit vermitteln will *und kann*. Folglich muss auch er Person sein. Es ist bemerkenswert, dass wir auch den Begriff der Trinität unter diesem Aspekt zu betrachten haben: Gott ist nicht nur *einer*, weil dann nichts anderes mehr möglich wäre. Er ist auch nicht *zwei*, da dann automatisch ein Dualismus entstünde, ein Gegeneinander zweier sich ausschließender Größen. Indem er *drei* ist, gibt es ein Miteinander, eine Beziehung, weil in dieser Metapher nach menschlichen Maßstäben immer eine Mehrheit möglich ist und die unterschiedlichen Interessen in Einklang gebracht werden müssen. Unser Bekenntnis zum dreieinigen Gott will also keinen Polytheismus aus drei Göttern formulieren, wie es der Koran fälschlicherweise unterstellt. Es will vielmehr bildhaft aufzeigen – weil das Unbegreifliche nur in Bildern und Vergleichen ausgedrückt werden kann: der Eine Gott ist in sich Beziehung; und wir sind in diese Beziehung hereingenommen.

Entsprechend ist Gott ganz auf seine Schöpfung ausgerichtet. Er nimmt wahr, erkennt, sieht und hört. Und er hat diese Welt bewusst gewollt, sie ist ihm nicht einfach

unbeabsichtigt ausgekommen: *„Erkennen und Wille sind die beiden wesentlichen Inhalte des Begriffs Person“*.[14]
Wir erschließen aus den uns umgebenden Tatsachen einer realen Welt und der Beziehungsfähigkeit von uns Menschen, dass der Verursacher, den wir *Schöpfer* und *Gott* nennen, ebenfalls die Höhe seiner Geschöpfe erreicht haben muss, selbst also Person ist und entsprechend hören, sehen, erkennen und handeln kann. Sonst wäre er ja zur Schöpfung und Beziehungsaufnahme gar nicht fähig. Da es nun einmal so ist, können wir mit diesem Gott in einen Dialog eintreten und mit ihm Beziehung aufnehmen: Gebet und Glaube werden möglich.
Da Gott der Ganz Andere ist, kann ihn der Mensch mit seinen Sinnesorganen von sich aus nicht wahrnehmen. Die Mystik hat daraus über die Jahrhunderte erkannt, dass der Glaube nicht aus der eigenen Erfahrung kommen kann. Wir werden das unten, wenn wir über die Natur des Menschen nachdenken, weiter entfalten. Für den Augenblick wollen wir aber festhalten, dass Gott *zuerst* den Menschen ruft. Die Reaktion darauf, die Freude über die Schönheit der Natur oder über die Liebe eines Menschen ebenso wie die Trauer[15] über Ungerechtigkeit oder Leid, ist von sich aus schon Gebet oder Glaube. Denn im Gebet treten wir mit Gott in einen Dialog.
Erwiesenermaßen ist jeder Mensch ein Sinn-Suchender. Zuerst einmal wird jeder natürlich auf die ihm eigene Art auf Gottes Ruf antworten. Und fernab christlicher Glaubensgemeinschaft wird er das nicht im biblisch-christlichen Sinne tun können. In den allerwenigsten Fällen wird uns ein leibhaftiger Engel gegenübertreten oder eine ekstatische Vision zuteil werden. Orientieren wir uns an großen Heiligen, so ruft uns Gott vielmehr in alltägli-

chen Situationen, wie wir sie eben beschrieben haben: in Mitmenschen oder Zuständen, die uns „anspringen" und zum Handeln herausfordern. Martin sah den Bettler, mit dem er seinen Mantel teilte, Nikolaus die drei mittellosen Töchter, denen er Gold schenkte, Franziskus die Armut der Menschen, denen er sich gleich machte oder die verfallene Kapelle, die er wieder aufbaute. Nach Mt 25 ist Gott im Geringsten der Mitmenschen zu finden, laut Gen 1 hat der Mensch die Aufgabe, die Welt (vor dem Chaos) zu „*verteidigen*"[16]. Das solchermaßen Angerufen-Sein von Gott erfordert als Antwort also Gebet und Glaube im Sinne einer Reaktion, eines handelnden Tuns – in welcher Weise auch immer.

## 2. Göttliche Idole

Ich wählte für diesen Bereich einen Begriff, wie er im griechischen Septuaginta-Text von Ex 20, 4 verwendet wird: *„nicht mache dir ein eídos"* ein Idol. Der Begriff ist zu übersetzen mit Bild, Vorstellung. Er steht im Gegensatz zum *eíkōn* der Ikone, dem „(wahren) Abbild", wie dieses Wort in Gen 1, 27 verwendet wird.
Etwas Grundsätzliches müssen wir uns bei der Suche nach Gott klar machen: Der Mensch ist ein sinnliches Wesen, das visuelle Eindrücke anderen Sinneswahrnehmungen wie etwa dem Hören stets bevorzugt – sogar im alten Israel. Die Betonung des Hörens in der Bibel (Dtn 6, 5) ist als bewusste Gegenbewegung zu verstehen. Der Vorrang des Sichtbaren, Begreifbaren ist von unserer Natur her erklärbar und durchaus nicht abzulehnen. Vor dem strikten Bilderverbot seit König Josias Tagen im späten 7. Jahrhundert v. Chr. hatte man in Israel keine Probleme mit bildhaften Gottesdarstellungen.[17] Entsprechend gab es auch schon immer den Wunsch, Sichtbares, Greifbares, Authentisches von Gott oder Jesus in Händen zu halten. Das Schweißtuch der Veronika, das Mandylion von Edessa (das möglicherweise mit dem Grabtuch von Turin identisch ist) und der Lentulusbrief, ein Dokument aus dem 13./14. Jahrhundert, das ein Augenzeugenbericht von Pontius' Pilatus' Amtsvorgänger über Jesu Aussehen sein will, bestätigen das. Von da her ist es prinzipiell nichts Verwerfliches, sich von Gott ein Bild machen zu wollen. Unsere visuelle Natur fordert das ein, weil wir ein greifbares Gegenüber brauchen, zu dem wir Beziehung

aufnehmen können. Aber wir müssen unsere Bilder als das erkennen, was sie sind: Hilfsmittel, „Krücken“. Das zweite Gebot will uns nur warnen, Gott nicht das das zu beschränken, wie wir uns dann vorstellen.

Im Folgenden werden die einzelnen Gottesvorstellungen der von mir befragten Personen näher beschrieben werden. In der Umfrage wurden die Bilder mit folgender Häufigkeit angegeben:

- Gott ist eine Energie; er ist in allem, in jedem Stein, in jedem Lebewesen: 24,88 %;
- Gott hat die Welt erschaffen und wirkt in der Welt – auch durch Menschen, die nach seinem Willen handeln: 23,60 %;
- Gott wacht über allem; er kennt alles, weiß alles; er bestraft mich, wenn ich was falsch gemacht habe: 22,97 %;
- Gott kennt mich persönlich, er liebt mich und will mit mir in Beziehung treten: 21,37 %;
- Gott ist ein alter, weiser Mann mit Rauschebart, der im Himmel wohnt: 18,34 %;
- Gott hat die Welt erschaffen; seither läuft sie nach seinem Willen ab, er greift nicht mehr in ihrem Lauf ein: 17,70 %;
- Es gibt keinen Gott – wohl aber eine höhere Macht: 13,72 %;
- Gott steht über allem. Alles ist ihm unterworfen. Wir können ihm nur dienen, indem wir seine Gebote befolgen: 9,57 %;
- Es gibt keinen Gott. Es handelt sich nur um eine Illusion oder ein Kindermärchen: 8,93 %;
- Alles was man sich noch nicht wissenschaftlich erklä-

ren kann, wird Gott genannt: 8,29 %;
- Die Naturgewalten sind Gott. Mit Opfern oder Gebeten kann ich ihn mir günstig stimmen, so dass er mir hilft: 7,02 %.

In unseren nun folgenden Betrachtungen werden wir die beiden Positionen „Gott wirkt in der Welt“ und „Gott ist Beziehung“ nicht berücksichtigen, weil es sich hierbei um keine „Idole“ handelt und diese Eigenschaften Gottes weiter unten aufgegriffen werden.

## 2.1. Gibt es Gott?

Wenn wir unsere Überlegungen, die wir nach Häufigkeit der vertretenen Gottesvorstellungen staffeln, mit einer These beginnen, die mit 8,93 % aller befragten Personen an vorletzter Position angesiedelt ist, so tun wir das, weil sich diese Vorstellung heute so in den Vordergrund drängt: Es gibt keinen Gott.

Denn wenn es Gott tatsächlich nicht gibt, ist der Glaube Lug und Trug. Die Sache verhält sich in der Tat grundsätzlich: wenn es Gott wirklich nicht gibt, dann steht eigentlich alles auf dem Spiel, was unser Leben ausmacht. In diesem Fall hat sich unser Universum aus reinem Zufall entwickelt. Das ist für jeden von uns eine existenzielle Feststellung, weil sich hierdurch die Realität des eigenen Lebens grundsätzlich ändert. Die Frage ist folglich falsch gestellt. Sie muss nicht heißen: Gibt es Gott? sondern: Was bleibt vom Menschen, wenn es Gott nicht gibt?

Wenn es nämlich keinen Gott gibt, keinen gestaltenden Willen, der das Universum, das Leben und uns Menschen gewollt hat, denn ist unsere Existenz reiner Zufall, dann ist überhaupt die Frage zu stellen, wieso es überhaupt etwas gibt, will sagen, welchen Sinn alles hat – zumal es das

Universum rein physikalisch eigentlich gar nicht geben darf. Weshalb überhaupt die Sterne leuchten und die Elemente erzeugen, aus denen das Leben letztlich aufgebaut ist; weshalb das Leben überhaupt in Gang gekommen ist und sich seither so entwickelt, dass das Leben erhalten bleibt. Und selbst, wenn wir als Zufall hinnehmen wollen, dass sich das Leben evolutionär an seine Umwelt anpasst, sich durch die Befriedigung von Trieben und Instinkten am Leben erhält, um seine Gene anhand eines raffinierten Geschlechtsakts neu zu kombinieren, so bleibt die Frage offen, weshalb die Spezies Mensch dann einen freien Willen oder einen freien Geist entwickelt hat (sofern nicht nur vom Gehirn als solcher vorgegaukelt), der in vielerlei Hinsicht seine Triebe ersetzt beziehungsweise das Leben über das bloße Überleben hinausführt. In diesem Fall ist nämlich festzustellen, dass wir all unser Geistesvermögen überhaupt nicht zum reinen Überleben brauchen, wir uns im Gegenteil in einem Gespinst von Wahnvorstellungen verfangen haben – vom Kuscheltier angefangen bis hin zum breiten Spektrum der Geisteswissenschaften –, das mit der Welt selbst überhaupt nichts zu tun hat. All das, was menschliches Leben auszeichnet und sich häufig mit ein fiktives Gegenüber verbindet: Liebe, Schönheit, Gerechtigkeit, auch Kunst, Humor, Unterhaltung, unsere gesamte Kultur ist dann eigentlich nur Wahn und Selbsttäuschung, weil es keinen freien Geist gibt, der das rechtfertigt. Gibt es keinen Gott, dann sitzen wir alle permanent einem kollektiven Irrsinn auf, der mit der Scheinwelt zu vergleichen ist, mit der sich Geisteskranke umgeben. Wir kreisen um uns selbst, weil es sonst nichts gibt.

In diesem Fall gibt es auch Liebe überhaupt nicht. Sie muss reduziert werden auf einen Arterhaltungstrieb.

Bricht mein Kind ins Eis ein, hätte es noch einen Sinn, es unter Einsatz des eigenen Lebens zu retten – es soll ja meine Gene weitergeben. Das Retten eines mir fremden Menschen, wie die zahlreichen Flüchtlinge, aber ist sinnlos und verrückt. Der große Aufwand, mit dem wir unsere Häuser und Wohnungen gestalten, damit sie „schön" und gemütlich sind, wäre ebenso reiner Wahn wie die Verehrung „schöner" Menschen – selbst für die Fortpflanzung hätte „Schönheit" keinen Sinn, weil sie zum Überleben nichts beiträgt – oder die Pflege „schöner" Künste wie Malerei, Musik, Film; selbst die Gestaltung von Internetseiten Auch unser kompletter Rechtsstaat, der im Letzten doch versucht, Gerechtigkeit auch Schwachen gegenüber walten zu lassen, ist dann nur Irrsinn; und weil er dem Überleben des Besten, Stärksten, Anpassungsfähigsten im Wege steht, ist er sogar kontraproduktiv. Wir könnten mit unzähligen Beispielen aus den oben genannten Phänomenen des menschlichen Geistes einschließlich aller Geisteswissenschaften fortfahren. Und auch die Beschäftigung mit zahlreichen Naturwissenschaften hat dann keinen Sinn. Wozu müssen wir wissen, wie etwa ein Vogel anatomisch aufgebaut ist? Hauptsache wir können ihn zu Überlebenszwecken fangen und auffressen.

Und nehmen wir an, nach Milliarden von Urknallen habe sich nun also ein Universum gebildet, in dem unsere Spezies ihre kulturelle Höhe erreicht hat. Ohne Gott stellen wir dann also die Krone des Universums dar mit unserer vermeintlichen Willensfreiheit, unserem Verstand als Selbstzweck und unserer hohen technischen Fertigkeit. Das hat aber zur Folge, dass *jeder* Mensch die Pflicht hat, der Höhe seiner Evolution gerecht zu werden. Wenn einer also nicht mindestens ein Musikinstrument perfekt beherrscht, mehrere Sprachen spricht, der Kunst fähig ist oder sonst wie virtuos ist, sondern einfach so in den Tag hinein lebt, sich abends auf die Couch fläzt und in die Glotze schaut, übt er Verrat an seinem Menschsein. Es gibt dann auch automatisch eine Abstufung der Kulturen, in der Hochkulturen mehr zählen, als primitive Stammeskulturen. Es ist unsere Pflicht, alle Menschen an den Segnungen unserer höheren Seinsstufe teilhaben zu lassen. Wir befinden uns dann mitten im hehren Sendungsbewusstsein des Imperialismus oder in der kruden Ideologie von Herrenmenschen und Untermenschen rassistischer Systeme. In jedem Fall ist das Leben dann ein ungeheurer Stress aus Leistungsdruck und Förderwahn, weil der einzige Sinn des Lebens darin besteht, in diesen paar Jahren des Daseins alles aus seinen Fähigkeiten herauszuholen, um die Evolution voranzutreiben – egal wofür eigentlich. Und wir leben in dem Dilemma, dass unser Körper für das moderne Leben eigentlich gar nicht taugt und krank wird; wir sind also gar nicht in der Lage unserer evolutionären Bestimmung (alles ist zu tun, was möglich ist) gerecht zu werden.

Wir können Gott wissenschaftlich nicht beweisen. Aber wir erkennen, wie eminent wichtig die Existenz Gottes für unser Leben als Menschen ist. Allein ein gestaltender Wille und freier Geist, der alles hervorgebracht hat, selbst aber kein Teil dieses Daseins ist, gibt unserer menschlichen Existenz und all unseren unbestrittenen Geistesgaben überhaupt erst einen Sinn.

## 2.2. Gott ist eine Energie; er ist in allem

Überraschend viele Befragte sehen Gott mit der Natur identisch (= Pantheismus). 24,88 % wählten diese Vorstellung, wobei die jüngeren Schüler der Jahrgangsstufen 5 bis 8 mit 26,71 % vorne lagen. Es ist zu vermuten, dass viele Schüler die Angabe zu oberflächlich lasen und so missverstanden, Gott sei an jedem Ort auf der Welt; so wie es Ezechiel in seiner umwerfenden Vision am Fluss Kebar fern vom zerstörten Tempel erlebte. Gott „in" allem aber meint etwas anderes. Wenn Gott und die Natur das Gleiche sind, dann ist zwar die Natur Teil Gottes, aber auch Gott nicht mehr als die Natur, dann ist er ein innerweltliches Phänomen. So erhaben diese Vorstellung klingen mag, sie reduziert Gott auf die Endlichkeit der Natur – oder schließt die alte atheistische Vorstellung vom ewigen Universum mit ein, die durch die Urknall-Theorie klar widerlegt ist. Ein Gott, der aus dem gesamten Universum besteht (aber eben nicht darüber hinausragt) mag ein faszinierendes, ungeheuer imposantes Wesen sein – aber er kann nicht Gott sein. Angesichts menschlicher Nöte mag man versuchen, sich die Kräfte dieses „Gottes" zunutze zu machen, seine Macht bleibt aber auf exakt diese Kräfte beschränkt.

Wie gerade schon erwähnt, haben biblische Texte diese Vorstellung sicher beeinflusst. Immer wieder – bei Abraham wie bei Ezechiel – wird uns Gott als ein Mitgehender vorgestellt, der überall ist und die Menschen begleitet. Das ist aber nicht das Gleiche wie eine pantheistische Vorstellung: Gott bleibt Person, die über die Welt (das Universum) hinausragt und nicht mit ihr identisch ist.

## 2.3. Gott wacht über allem

Mit der Vorstellung vom „Über-Vater" im Himmel verbindet sich oft das Bild des Aufpassers, der alles sieht und den Menschen bestraft, wenn er nicht brav ist. Gott wird

als moralische Instanz, als „himmlische Supernanny" begriffen. 22,97 % meiner Schüler glauben das, wobei die jüngeren Schüler mit 25,73 % den zweithöchsten Wert innerhalb der erhobenen Gottesbilder einnehmen. Für geplagte Eltern ist es natürlich verführerisch, den „Lieben Gott" als zusätzlichen Pädagogen in die mühevolle Erziehungsarbeit einzuspannen. Problematisch wird es allerdings, sobald die Kinder merken, dass eben nicht alle kleinen Sünden sofort bestraft werden. Gott wird so zu einem zahnlosen Tiger, der einerseits zu einem Gegner des Kindes stilisiert wird, andererseits dann als „Big Brother" und Strafender *nicht* erlebt wird.
Auch in diesem Fall wird dieser Typos vom biblischen Richtergott der Propheten und der Apokalypse beeinflusst. In den späteren Schriften der Bibel kristallisierte sich die Vorstellung heraus, Gott werde dereinst ein umfangreiches, letztes Gericht abhalten, in dem er die Gerechten belohnt und die Ungerechten ins Höllenfeuer wirft. Die drastischen Szenarien spiegeln die Hoffnung der unter Unrecht Leidenden auf Gerechtigkeit. Dieser Richter ist aber kein Wächtergott. Die jüdische Mischnah nennt ihn „Beobachter".[18] Gott als gerechter Richter garantiert, dass das Böse, Ungerechte in der Welt nicht das letzte Wort haben wird. Er belässt aber dem Menschen alle Freiheit, sich zu ihm oder gegen ihn zu entscheiden.

## 2.4. Gott, ein alter Mann im Himmel

18,34 % meiner befragten Personen äußerten die Vorstellung, Gott sei ein alter Mann mit Rauschebart, der im Himmel wohnt; mit 20,85 % umfassen auch hier die jüngeren Schüler gegenüber 16,60 % der älteren Schüler aus den Jahrgangsstufen 9 bis 12 den Hauptanteil. Woher kommt dieser Typos? Wir finden ihn in den Göttermythen der Germanen ebenso wie bei den Griechen und Römern. Auch der kanaanäische Göttervater El entspricht diesem Bild. Der Typos des Alten, Weisen wird in Literatur und Film bis heute reflektiert: denken wir an Merlin (Artussage), Gandalf (Herr der Ringe) oder Ben Kenobi (Krieg der Sterne).

Das Bild des Hochbetagten mit Haar und Bart wie reine Wolle findet sich aber auch in der Bibel. Es ist Dan 7 entnommen; allen traditionellen Abbildungen Gottvaters im lateinischen Westen liegt letztlich diese Textstelle zugrunde. Aus den Fragebögen geht hervor, dass es sich hierbei um die Übernahme des (unreflektierten) Gottesbildes der Eltern/Großeltern im Kindesalter handelt. Die Schüler, die es wählten, kommen überwiegend aus dem religiös distanzierten Milieu und sogar aus der nichtreligiösen Fraktion.

Wie wir noch zeigen werden, ist in der Entwicklung der Jugendlichen zu erwarten, dass diese Vorstellung während der Schulzeit weitgehend abgelegt wird. Dass dies aber nicht sein muss, zeigte mir 2010 eine Sammlung von Gottesvorstellungen in einer 11. Klasse. Die Schüler machten Aussagen wie: *„Gott ist ein Schwarzer"* oder *„Gott muss ein Mann sein, denn er hat ja Adam nach seinem Ebenbild erschaffen"*. Beides grenzt Gott in einer ganz menschlichen Weise ein. Gott als Afrikaner ist die sympathische Chiffre des Films *Bruce allmächtig,* die aber angesichts des erbärmlichen Schicksals der afrikanischen Sklaven in Amerika oder der breiten Benachteiligung der Schwarzen in unserer gegenwärtigen, globalisierten Welt sofort in sich zusammenbrechen muss. Zu der Argumentation, die Gottes Männlichkeit belegen soll, hier nur so viel: aus den hebräischen Begrifflichkeiten von Gen 2 lässt sich dieses Argument nicht halten. Denn der Mensch, hebräisch: 'adām, wird dort als gleichwertiges Zusammenspiel von Mann und Frau verstanden. Erst nach dem Sündenfall gebraucht der Text „Adam" als Eigennamen für den Mann, der dann seiner Frau herrschaftlich einen Namen gibt, wie er es zuvor bei den Tieren getan hatte.

Insgesamt dürfen wir feststellen, dass anthropomorphe Gottesvorstellungen in der Natur des Menschen begründet liegen und uns im Kindesalter auch Halt geben – Gott als jemand, der leibhaftig mit uns in Beziehung steht, wie die Eltern, Verwandten, Freunde oder auch Kuscheltiere. Im späteren Leben aber entpuppen sich solche Vorstellungen als nicht mehr tragbar für die Lebensbewältigung. Sie müssen korrigiert werden.

Gewiss, Dan 7 spricht von einem *Hochbetagten* als Vorsitzenden des Gerichts. Für die Menschen damals wie heute steht es außer Frage, dass Gott schon „alt" sein muss, war er doch schon vor der Schöpfung – heute würden wir sagen: schon mindestens 16 Milliarden Jahre alt. Doch auch zu biblischen Zeiten waren sich die Menschen bewusst: Gott unterliegt nicht der Zeit; er ist ewig, der „dauert an", er existiert „neben" der Zeit. Darum darf er auch nicht mit menschlichen Maßstäben von Alter gemessen werden.

Und noch ein zweiter Aspekt wohnt dieser Vorstellung inne: Gott im Himmel ist ein Gott fernab von den Menschen. Natürlich lässt sich dieses Bild aus der Beobachtung der Natur mit ihrem leuchtenden Firmament erklären.[19] Darum geht es hier aber nicht. Für manch einen Menschen mag der Gedanke, einen Gott zu verehren, der (unüberbrückbar) weit entfernt existiert, verlockend sein. So ein Gott kommt einen nicht zu nahe. Man kann ihn

„einen guten Mann sein lassen", der einem im eige-nen Handeln aber nicht in die Quere kommt. Das entspricht nicht der biblisch-christlichen Erfahrung eines Gottes, der mit den Menschen in Beziehung tritt, deren Verhalten dann aber auch durch seine Gebote und Weisungen in Frage stellt.

## 2.5. Gott greift nicht in die Welt ein

*„O Gott, wo warst DU?"*, fragte ein Jugendlicher während des Trauergottesdienstes nach dem Amoklauf in Winnenden. Nach solchen Tragödien sind die Kirchen plötzlich voll. Denn die Existenz unseres satten Lebens ist in Frage gestellt worden und gerade in solchen Situationen setzt sich unser tief verwurzeltes Bedürfnis, uns jemandem in unserer Not anzuvertrauen, tatsächlich gegen die Luxusmysterien unserer vermeintlich abgeklärten Zeit durch – nicht bewusst. Das Bedürfnis stellt sich mehr intuitiv ein, weil unsere Wohlstandsideologien auf solche Fragen keine Antwort wissen. Jetzt sind wir da und klagen, weil der allmächtige Strippenzieher mal nicht aufgepasst hat. Ein Pfarrer in Radio Horeb stellte an die Jugendlichen die Gegenfrage: *„Wo wart Ihr all die Zeit, als es euch gut ging?"* Die Frage des Schülers entlarvt somit ein weiteres, gefährlich falsches Gottesbild. Immerhin wird Gott zugestanden, dass er die Welt erschaffen hat und nun wie ein General alle Fäden in der Hand hält. 17,70 % meiner Befragten war dieser Auffassung, wobei die jüngeren Schüler mit 22,47 % abermals den älteren Schülern voraus sind. Dann steht aber sofort die atheistische Traditionsfrage im Raum: weshalb all das Leid? Menschliches Versagen könnte man ja noch mit der Willensfreiheit „entschuldigen" – aber wie steht es mit Naturkatastrophen, die jährlich viele Men-

schenleben fordern, wie letztmals 2015 in Nepal?

Diesem Gottesbild liegt das selbst von der modernen Naturwissenschaft längst überholte mechanistische Weltbild vom *großen Uhrmacher* zugrunde: Er hat die ganze Welt im Schöpfungsakt wie eine Uhr aufgezogen und lässt sie nun einfach ablaufen. Damit ist alles, was passiert, von Gott vorherbestimmt gedacht. Das hat zur Folge, dass er die volle Verantwortung für alles zu tragen hat, was seither in der Welt passiert. Häufig wird Gott in diesem Zusammenhang mit dem prächtigen Mantel der Allmacht umhüllt. Eine solche Vorstellung aber respektiert Gottes Allmacht gar nicht. Sie spricht sie ihm im Gegenteil ab – weil sie sich anmaßt, genau über Allmacht Bescheid zu wissen. Die Welt ist aber wesentlich komplexer als unser Verstand es zu erfassen vermag. Das lässt uns selbst die Quantentheorie auf höchstem wissenschaftlichem Niveau erahnen.[20]

Ich will mir an dieser Stelle nicht anmaßen, eine erschöpfende Antwort geben zu können. Jeder Versuch in diese Richtung wäre zu kurz gegriffen. Doch als Denkanstoß will ich eines anmerken: Das Erdbeben in Nepal zeigte uns letztmals, dass unsere Erde, unsere einzige Heimat im erreichbaren Universum, auch und vor allem durch Plattentektonik und Vulkanismus das geworden ist, was sie ist. Der gesamte Himalajabogen ist durch diese beiden Kräfte entstanden. Das bringt natürlich Erdbeben oder Vulkanausbrüche, Tsunami und Stürme mit sich. Nun ist es natürlich Unsinn, zu argumentieren, die Menschen hätten sich eben von solchen Problemzonen fernhalten sollen; die meisten bewohnbaren Gebiete der Erde sind Problemzonen. Vielleicht ist das der Unzulänglichkeit der endlichen Materie zuzuschreiben, die nie wirklich Gottes ganzen Schöpfungsplan erreichen wird. Diesen Gedanken hegte schon Paulus wenn er über die Auferstehung der Toten nicht dem Fleische (Materie) nach, sondern dem Leibe (die verwandelte Person in der Beziehung zu Gott) nachdenkt. Der Tsunami von 26.12.2004 forderte vor allem deshalb so viele Todesopfer, weil die zahllosen Hotels rund um den Indischen Ozean so nah an den Strand gebaut sind und praktisch keiner der Touristen die Anzeichen der nahenden Woge richtig zu deuten wusste. Nicht umsonst hatten die Menschen früherer Zeiten ihre Siedlungen auf Anhöhen über der Küste gebaut. Wie damals in einer Randnotiz zu erfahren war, kam in Myan Ma kein Mensch um, weil die Einheimischen rechtzeitig vor dem Tsunami ins Landesinnere flohen. Die meisten Erdbebenopfer forderten auch in Nepal Häuser, die billig und nicht erdbebensicher gebaut werden. Eine lebenswichtige Aufgabe auf dieser lebensbedrohlichen Welt ist es eben auch, die Zeichen der Natur richtig zu deuten und sich davon nicht in einer künstlichen Scheinwelt abzukoppeln.

Ein Gott, der uns nach festem Programm wie Marionetten tanzen lässt, verneint jede menschliche Willensfreiheit und könnte angesichts dieser lebensbedrohlichen Welt mit all ihrem Leid und Tod nur ein „Versager" genannt werden.

Die Bibel spricht immer wieder davon, Gott bediene sich der Menschen als seiner Werkzeuge. Und die Formulierungen der Fürbitten vermitteln auch oft den Eindruck Gott dirigiere uns: „… mach, dass wir …". Immer wieder stoßen wir auf biblische Texte, die keinen Zweifel daran lassen wollen, dass Gott in der Welt alle Fäden zieht. Sie wollen uns ins Gedächtnis rufen, dass wir Menschen unser Heil nicht selbst machen können. Wir sollen vielmehr

Gott durch uns wirken lassen – also im Sinne Gottes handeln. Und das ist etwas ganz anderes als die Vorstellung vom Uhrmacher oder Marionettenspieler. Ganz in Freiheit ist es uns angeraten, so zu handeln, wie Gott es tun würde. Nicht Gott lässt bestimmte blutrünstige Tyrannen nach seinem Willen tanzen, sondern es kommt vor, dass diese Menschen (vielleicht nicht einmal bewusst) im Sinne Gottes handeln. Das preist die Bibel in der Weise, dass selbst die mächtigsten Fürsten nicht aus Willkür handeln, sondern dem Ruf Gottes Folge leisten. So ist es für die Bedeutung des Papsttums beispielsweise egal, ob es in seiner historischen Entwicklung immer mit dem Evangelium konform ging oder ob mancher Papst ein Egoist, Versager oder sogar Verbrecher war. Als Ganzes, im Nachhinein, strahlt Gottes Wirken in dieser Institution auf.[21] So sollten wir dann auch die in Fürbitten häufig verwendete Formulierung *„gib, dass wir…"* verstehen: wir geben unsere Willensfreiheit nicht an der Kirchentür ab, sondern wir bitten darum, Gottes Ruf zu vernehmen, um in seinem Sinne – im Sinne von Frieden und Liebe – zu handeln.[22] Und dieser Gott lässt nicht einfach alles ablaufen. Das gerade macht seine Andersartigkeit aus, dass er die Welt mit ihren Gesetzen grundgelegt hat, und dass er aktiv in dieses Weltgeschehen eingreift. So sollten wir auch Jesu Wunder einstufen.

## 2.6. Eine höhere Macht

Äußerlich am distanziertesten kommt die Vorstellung daher, Gott sei ein höheres Wesen, ein höheres Bewusstsein. 13,72 % meiner Befragten stimmten dem zu; vor allem die älteren Schüler: 17,76 % stehen lediglich 9,77 % der jüngeren Schüler gegenüber. Wollen wir den Begriff aber verstehen wie es die Esoterik tut, so ist „er“ eine anonyme Größe, eine Art Energie vielleicht, die nicht mit uns Menschen in Beziehung treten kann. Von einem solchen Gott haben wir angesichts unseres Sehnens und unserer Nöte nichts zu erwarten. Häufig habe ich aber den Eindruck, diese Vorstellung wird gewählt, weil die Schüler sich eines Mehr in ihrem Leben bewusst sind. Sie scheuen sich, diese höhere Macht in ihrem Leben mit dem semantisch besetzten Begriff „Gott“ zu belegen. Doch letztlich wird es wohl gerade diese Suche nach dem Letzten sein, was sie damit ausdrücken wollen und auf Gott hinführt. Manche ließen in Ergänzungen auf dem Fragebogen erkennen, dass sie versuchten, das Bilderverbot der Zehn Gebote umzusetzen. Bei vielen anderen ist zumindest erkennbar, dass sie sich einer Macht in der Welt bewusst sind (oder sie erhoffen), die ihrem Leben Sinn verleiht. Insofern ist dies ein positives Anliegen.

Was dieses christliche Verständnis von der Esoterik unterscheidet: Diese „höhere Macht“ ist personal und wirkmächtig, sie ist kein anonymer (innerweltlicher) Geist.

## 2.7. Gott steht über allem

Im Umfragebogen wurde eine knappe Beschreibung dessen geboten, wie der Islam Gott sieht. 9,57 % der Befragten wählten diese Möglichkeit. Die wenigsten werden sich der koranischen Anspielung bewusst gewesen sein. Wir dürfen vielmehr vermuten, dass sich darin die Kenntnis von der Größe und Macht Gottes widerspiegeln. Und in diesem Bild ist neben allen Aussagen zu Gottes Liebe ja auch ein gewisser Trotz enthalten: die Welt ist nicht alles; es gibt die Größe Gottes, an der man im Leben nicht vorbei kommt.

Im Gegensatz zur islamischen Ansicht, dass man sich diesem Gott nur unterwerfen könne, kennt ihn die Bibel, trotz all seiner erdrückenden Macht als einen, der die Menschen liebt und mit ihnen einen Umgang auf Augenhöhe pflegt. Das macht Gott nicht klein, sondern erhebt im Gegenteil den Menschen in eine große Würde, die wir mit der Menschenwürde umschreiben.

## 2.8. Was man noch nicht wissenschaftlich erklären kann

Seit dem 19. Jahrhundert geht in weiten Kreisen der Öffentlichkeit die Vorstellung um, die Welt funktioniere wie ein großes Räderwerk, das die Naturwissenschaft allmählich immer zuverlässiger und detaillierter erklären kann. An diesem so genannten mechanischen Weltbild sind die Entdeckungen und Korrekturen der Quantenphysik während der letzten hundert Jahre weitgehend vorübergegangen. Da die Wissenschaften vieles in unserer Welt besser erklären können, hat sich vielerorts die Meinung gebildet, man könne mit Hilfe der Wissenschaft die komplexe, unsichere Welt irgendwie beherrschen – denn wenn man weiß, wie etwas funktioniert, kann man es auch handhaben. Dem (noch) Unbekannten haftet etwas Mysteriöses, Unheimliches, nicht Beherrschbares an und wird „Gott" genannt. Meine Umfrage ergab hierfür einen Gesamtanteil von 8,29 %. Auf die jüngeren Schüler entfielen 7,17 %, auf die älteren 9,27 %.

In einer Welt des „naturwissenschaftlichen Generalschlüssels"[23], in der es nicht geben kann, was nicht messbar ist, wird Gott definiert als: Was die Naturwissenschaft *noch nicht* erklären kann. Ein Gott aber, der nur aus Mysteriösem, noch nicht Erklärbarem besteht, ein „Lückenbüßer" also, der hat keinen langen Bestand, weil ihm durch die voranschreitende Naturwissenschaft fortwährend Terrain entzogen wird. Und er ist vor allem ungeeignet, uns in schweren Stunden unseres Lebens beizustehen.

Weder die Bibel noch die kirchliche Tradition lassen einen Zweifel daran, dass Gott ein *Geheimnis* ist – und bleibt. Zu unterscheiden sind aber das (noch) unbekannte Rätsel der Natur, das irgendwann entschlüsselt werden kann und das Geheimnis als etwas, das jenseits unseres Verstehens bleibt. Als der Ganz Andere, der von allem im Universum grundverschieden ist, wird Gott von der Naturwissenschaft nie „entschlüsselt" werden können. Diese Unterschiedlichkeit lässt sich im Denken der Bibel (Gen 1) schon fassen.

## 2.9. Die Naturgewalten sind Gott

Die Menschen sahen früher in den erschreckenden und faszinierenden Naturgewalten Götter am Werk und auch Texte der Bibel vermitteln den Eindruck, Gott komme beispielsweise im Gewitter daher (Ps 29). In meiner Umfrage votierten 7,02 % für diese Variante. Jüngere und ältere Schüler liegen mit den Werten 7,16 % und 7,72 % annähernd gleichauf.

Niemand wird heute hinter Blitz, Sturm, Erdbeben, Pflanzen, Tieren oder menschlichen Urbedürfnissen reale Götter vermuten. Allerdings sind wir darum keinen Deut vernünftiger als unsere fernen Vorfahren. Ratzinger zeigt, dass die alten vergöttlichten Bedürfnisse des Menschen (Macht, Hunger und Fortpflanzung) nicht nur alte Göttertriaden bildeten (wie Zeus, Dionysos und Aphrodite), sondern auch heute in säkularer Form verehrt werden:[24] Erfolg/Karriere, Genuss/Wohlstand und Wachstum/Sex.

Dass manche Schüler, Gott als vergöttlichte Naturgewalt bezeichnen, zielt meines Erachtens dahin, aus einer säkularen Perspektive die „Illusion Gott" erklären zu wollen. Ich schätze diese Jugendlichen nicht so ein, dass sie tatsächlich an Naturgötter glauben. Anders stehen die Dinge nach Auskunft von Anne-Marie Le Bourhis vom Säkularinstitut *Notre Dame de Vie* in Frankreich. Mehrfach haben ihr bereits Kinder erklärt, es gebe mehrere Götter, beispielsweise einen Gott des Windes, einen Gott des Krieges oder einen Gott des Festes. Diese kindlichen Interpretationen führt sie auf so gar nicht beabsichtigte Anspielungen von Pädagogen zurück.[25] Auch wenn völlig atheistisch aufgewachsener Kinder das Bewusstsein eines Mehr in ihrer nüchtern-säkularen Welt zeigen, das sie auszudrücken versuchen, bestätigt das einmal mehr die Realität des von seiner Natur her religiösen Menschen.
Was nun die erwähnten Texte der Bibel betrifft, müssen wir uns zwei Dinge bewusst machen: Die Bibel entstand im Laufe vieler Jahrhunderte. Wir können aus den Texten auch eine geistig-religiöse Entwicklung des Menschen ablesen. Es mag durchaus zutreffen, dass die früheren Autoren der Bibel Gott noch im „heidnischen" Sinn als eine Naturgottheit begriffen. Andererseits: Die späteren Autoren wussten darum, dass die Welt keine Götter beherbergt. Darum konnten sie den Schöpfergott problemlos in Naturphänomenen seiner Schöpfung preisen.

## 2.10. Zusammenfassung

Vermittler all der genannten Vorstellungen sind vorwiegend die Eltern (77,04 %),[26] nachgeordnet der eigene Entwurf (43,38 %) und schließlich die Großeltern 31,42 %) sowie Pfarrer und andere Geistliche (23,60 %). Der

Wächtergott wird vor allem von katholischen Schülern vertreten, nur zu einem geringen Teil von evangelischen; er entspricht ja auch nicht protestantischer Religiosität.[27] Neben der unreflektierten Übernahme von Glaubensinhalten aus der Familie, der Predigt oder dem Religionsunterricht entspringt der Typos wohl auch der Reflexion eigener Erfahrungen von Schuld und Sünde im eigenen Leben. Gott tritt als übergeordnete Autorität in Erscheinung, der jede eigene Verantwortung negiert. Schuld und Sünde gehen aber aufgrund unserer Willensfreiheit zuerst uns Menschen selbst an.

Aus meiner Umfrage ergibt sich, dass die genannten „kindlichen" Metaphern bereits als Gottesbilder für unsere Kinder nicht taugen, da diese ja durchaus schon existenzielle Erfahrungen durch den Tod von Angehörigen oder Haustieren (40,34 %) oder der Erfahrung des eigenen Scheiterns (24,46 %) hatten und schlimme Nachrichten aus der Welt aufnehmen (24,89 %). Denn all die genannten Vorstellungen von Gott bleiben defizitär und ziehen „Gott" auf eine menschliche Ebene herunter. Diese „Götter" haben keine Antworten auf unsere existenziellen Lebenskrisen, verstellen uns vielmehr den Weg zu einem reifen Gottesbild. Gegen all diese Vorstellungen erhebt die Religionskritik also mit Recht Einspruch – und wir Christen sollten da an vorderster Front mitkämpfen. Denn diese gängigen Vorstellungen von Gott, der mit dem eigenen Leben nichts zu tun hat, betreffen dem christlichen Glauben in Wahrheit gar nicht.

# 3. Beziehung zu Gott

## 3.1. Gott ist Beziehung und er wirkt

Wir hatten bislang die Vorstellungen von einem Gott, der Beziehung mit uns sucht und als Schöpfer durch uns in der Welt wirkt, ausgespart. Beide Vorstellungen haben in meinen Umfragen einen hohen Stellenwert (21,37 % und 23,60 %) Sie werden vor allem von hochreligiösen Menschen angekreuzt (38,86 % und 44,00 %), aber auch von religiös Distanzierten (17,14 % und 18,44 %). Darin spiegelt sich das Bewusstsein, dass Gott einer ist, der auf uns zugeht, mit uns Beziehung aufnehmen will und sich – auch durch uns – in der Welt einmischt.

Schreiben wir es uns hinter die Ohren: Die Bibel ist kein wissenschaftlicher Traktat, auch keine Abhandlung über Geschichte, sondern eine Beziehungsgeschichte oder gar Liebesgeschichte zwischen Gott und Mensch. Über die Jahrtausende haben unzählige Menschen am eigenen Leib erfahren, dass dieser Gott einer ist, dem man begegnet, der mit uns in Beziehung tritt. Er ist folglich zumindest Person wie wir selbst. Die Bibel bemüht sich darüber hinaus immer wieder, ihm eine Personalität zuzuschreiben, die über unsere eigene hinausgeht – beispielsweise, indem einzelne Elemente Gottes, wie die Hand, die Stimme, der Geist oder das Wort Gottes als eigenständige Personen auftreten.[28]

Ihm ist diese Welt nicht egal, er mischt sich vielmehr aktiv ein. Alle biblischen Geschichten zeigen diese Erfahrung. Gottes Wirken in der Welt wurde aber nie als eine Bevormundung oder das Spiel eines Marionettenspielers erlebt, sondern der unendliche Gott begegnet dem kleinen Menschen gar auf Augenhöhe. So zeigt es uns es etwa das Beispiel von Elia am Berg Horeb (1 Kön 19, 1-13a): Gott ist nicht in überwältigenden Naturerscheinungen, die uns Menschen auf den Boden zwingen, sondern in einem leisen Lufthauch und er spricht mit Elia wie mit einem Gleichgestellten; er liebt seine Geschöpfe – selbst wenn sie sich von ihm abwenden.

Er ging dabei sogar so weit, dass er selbst Mensch wurde und sein Leben am Kreuz für uns riskierte. Die Gemeinschaft der von Gott Gerufenen (= *ekklesía*, Kirche)[29] hat darum erkannt, dass dieser Gott, der nicht Teil dieser vergänglichen Welt ist – also im wahrsten Sinne des Wortes ein „Außer-irdischer" – sich als Teil dieser Gemeinschaft begreift.

Zahlreiche Menschen haben seit mehr als zwei Jahrtausenden erfahren, dass das Wirken Gottes in der Welt nicht voraussehbar ist oder life miterlebt werden kann. Es ist vielmehr im Nachhinein sichtbar; diese Erfahrung reflektiert der Vorübergang von Gottes Herrlichkeit an Mose auf dem Berg Sinai (Ex 33, 18-23): Mose darf Gott sehen – aber nur von hinten (zeitlich!), weil niemand Gott ins Angesicht (Gegenwart) sehen kann. Entsprechend sind alle biblischen Erzählungen von ihrem Ende bzw. von ihrer Wirkung her zu lesen.

## 3.2. Göttliche Metamorphosen

Von der Geburt bis zum Tod machen wir in Hinsicht auf unser Gottesbild eine ganz natürliche Entwicklung durch, wie sie etwa Paul Gmünder oder Fritz Oser dargestellt haben.[30] Wollen wir dem eigentlichen Wesen Gottes, wie es sich und offenbart, näher kommen, so müssen wir die in der Kindheit übernommenen Vorstellungen von Gott an die eigenen Reifungsprozesse anpassen.

Wie wir oben feststellen konnten, nehmen die Eltern – besonders die Mütter – bei der Vermittlung des Glaubens eine herausragende Stellung ein. Mit zunehmendem Alter aber reflektieren die Kinder ihren Glauben selbst. Natürlich übernehmen Kinder zunächst das Gottesbild, das die Eltern ihnen vermitteln. Und die Eltern wiederum geben ganz instinktiv das Bild weiter, das sie selbst in der Kindheit übernommen haben – wohl aus einer Art Nostalgie heraus oder weil es ihnen angesichts der fragenden Kinder die angemessenste Antwort scheint (vielleicht auch, weil sie diesem Bild nach wie vor selbst verbunden sind). Verstärkt wurde das aber gewiss auch durch unser bürgerliches „Kind-Ghetto". Dies ist ein Phänomen, das mit dem aufgeklärten Bürgertum vor zweihundert Jahren als künstliche Kind-Welt einer romantisch-sentimentalen heilen Welt entstanden ist.[31] Als in früheren Zeiten die Großeltern, Eltern oder Geschwister noch zu Hause vor den Augen der Kindern erkrankten oder starben, wären diese kindlichen Gottesvorstellungen nicht zu halten gewesen.

Für das Kleinkind steht Gott wie die Eltern über ihm und leitet es; unerreichbar und unbeeinflussbar. Durch das Erleben der eigenen Fähigkeiten kommt es aber in der Zeit zwischen dem zweiten und sechsten Lebensjahr zu dem Schluss, dass es mit Gott ebenso wie mit den Eltern auch (ver-)handeln könne. Gott sei durch Opfer, Gebet und Befolgen der Gebote genauso beeinflussbar wie die Eltern. Eine solche Haltung nennen wir *do ut des* – ich gebe, damit du gibst.[32]

Ab dem siebten Lebensjahr setzt das Kind zu einem neuen Entwicklungsschritt an: Es entdeckt die eigene Vernunft. Das Kind beginnt eigenständig zu denken, was mit einer großen Lernbegierde einhergeht. Damit wird Schule möglich und dadurch verändert sich auch das eigene Gottesbild nachhaltig. Das Kleinkind empfängt nur. Was die Eltern sagen, stimmt. Wir konnten den Kindern in dieser Zeit alles geben – aber nichts erklären. Entsprechend mussten wir uns auf das Wesentliche beschränken. Das ist eine sehr wertvolle Etappe; was den Kindern vermittelt wurde, bleibt, selbst wenn sie sich später vom Glauben abwenden sollten.

Nun aber, angesichts der wachsenden Vernunft, bietet sich eine große Chance für den Eintritt in eine echte Gottesbeziehung; die ist ja bereits in der Beziehung zu einem fiktiven Gegenüber in diesem Alter angelegt.[33] Das Kind wird sich seiner Vernunft bewusst. Es ist jetzt extrem offen für das Leben und stellt viele Fragen. Es fühlt die Notwendigkeit zum eigenen Handeln. Nun wird der Schritt vom Konkreten zum Abstrakten möglich. In der Folge stellt sich für das Kind ein Allmachtsgefühl ein: „*Ich kann alles, ich weiß alles.*" Das muss natürlich über kurz oder lang zu einem Konflikt mit der Wirklichkeit führen. Es stößt an seine Grenzen und erkennt, dass es eben doch nicht alles kann oder weiß. Diese Erfahrung führt zu einem erhöhten Hilfebedürfnis angesichts der eigenen Niederlagen. An dieser Stelle können wir Erwachsene aufgrund unseres Erfahrungsvorsprungs helfen, indem wir relativieren. Das Kind braucht nun Innerlichkeit. Es fragt sich: „*Wer bin ich?*" Indem es merkt, es kann nicht alles alleine, möchte es die Grenzen des Menschen kennen lernen. Nun fragt es nach Gott und nun kann und will es den Glauben entdecken. Wenn das Kind zu diesem Zeitpunkt Gott nicht verstehen kann, heißt das für es nicht, dass Gott nicht existiert; es kennt ja bereits die Beziehung zu einem Kuscheltier oder einem anderen fiktiven Gegenüber. Jetzt ist reale Glaubensoffenbarung möglich – oder das potenzielle Gottesverständnis kann durch „wissenschaftliche" Erklärungsversuche zugeschüttet werden.

Kinder ab sieben brauchen Ideale und Vorbilder. Sie ahmen zumeist den gleichgeschlechtlichen Elternteil nach, damit sie in der eigenen Vernunft wachsen können. Entsprechend sind Jesus und Maria als große Vorbilder vermittelbar. Außerdem erkennen sie sich nun als Teil einer größeren Familie, der Kirche.[34]

Etwa ab dem achten Lebensjahr lassen Niederlagen in Beziehungen erstmals die Sünde erfahrbar werden. Das eigene Gewissen wird bewusst entdeckt. Bis dahin gaben die Eltern vor, was gut und böse ist. Das ist von großer Bedeutung – aber nun wird das Kind fähig, selbst zu beurteilen. Damit macht es Erfahrungen von Freiheit und Verantwortung. Außerdem spürt es nun in sich, dass es fähig ist, das Böse zu tun: es kann sich von Gott trennen, wie es das in der NEIN-Phase als Kleinkind gegenüber den Eltern auch schon erfahren hat. Nun ist es wichtig, Gott als den Barmherzigen zu zeigen. Das Sakrament der Vergebung wird vermittelbar.

Für das Gottesbild hat dies zur Folge, dass sich der unabhängige Geist vom Letzten trennt. Wir glauben uns nun in der Lage, aus eigener Kraft erklären zu können, was zuvor als Geheimnis dem Letzten (Gott) zugeschrieben wurde. Zwar wird Gott zumeist noch ein eigener Wirkungsbereich zugestanden: das bislang noch Unerklärliche darf er hüten – bis man es entschlüsseln kann und es ihm folglich auch noch entzieht. Er hat aber mit dem eigenen Leben nichts mehr zu tun.[35] Im Großen und Ganzen ist das die Linie des aufklärerischen Deismus. Gott wird zum kraftlosen Lückenbüßer.

Während der Pubertät werden diese Gottesbilder dann hinterfragt, da sie schon in der Grundschulzeit angesichts der Erfahrung des eigenen Scheiterns, des erwachenden Schuldbewusstseins ins Wanken geraten sind.

Wir erkennen aus dieser knappen Zusammenfassung der Entwicklungspsychologie, dass es sich bei den oben dargestellten Idolen um ganz natürliche Stationen in der menschlichen Entwicklung handelt. Aufgabe des Religionsunterrichts und der Katechese muss es nun sein, die Jugendlichen dabei zu bestätigen und zu unterstützen, dieses Gottesbild angemessen auf die nachfolgende Entwicklungsstufe zu heben: Der junge Mensch nimmt sich als derjenige wahr, der selbst entscheidet, selbst handelt, alles hinterfragt, selbst reflektiert und selbst Verantwortung übernimmt. „*Er fragt [...] nach den Bedingungen der Möglichkeit für diese Vernunft und Freiheit und erfährt sie als durch Gott gegeben und geschenkt.*“ [36]

Von ihrem Ansatz her ist diese These vollkommen richtig. Gibt es keinen Gott, so ist auch die menschliche Sinnsuche hinfällig zusammen mit unserer gesamten Kultur, weil sie auf fiktive Beziehungen aufbaut. Dies ist dann schlicht Wahn und Irrsinn. Allein an der Existenz Gottes macht sich unser geistiges Dasein als berechtigt und vernünftig fest. Auch mit unserer Freiheit verhält es sich so. Ohne Gott macht Willensfreiheit keinen Sinn. Und wenn wir sie dennoch besitzen, so wohl aus einer Fehlentwicklung, weil durch eiweißreiche Nahrung unser Gehirn zu groß wurde und es uns Freiheit nur vorgaukelt. Freiheit manifestiert sich dort, wo wir uns willentlich über unsere Triebe und Instinkte hinwegsetzen. Das wiederum hat nur Sinn, wenn es vernünftig ist.

Gerade diese Frage nach dem letzten Seinsgrund der eigenen Existenz entpuppt sich im Religionsunterricht immer wieder als der Schwierigste, weil einem von Seiten der Schüler eher Ablehnung entgegenschlägt. Was sich in deren Innerem über die Zeit tut, lässt sich jedoch, wenn überhaupt, erst nach Jahren feststellen. Gelingt aber dieser Schritt, wird Gott zum Garanten der eigenen Freiheit, zu einer Person, der wir begegnen können und durch den die Freiheit des Anderen zur Anerkennung kommt.

Eine Grundvoraussetzung hierfür ist natürlich die absolute Offenheit des Katecheten/Lehrers, was sein eigenes Gottesbild betrifft. Gerade Jugendliche wollen dies hinterfragen. Weicht ihnen der Lehrer oder Katechet aus (*„Das ist ein Geheimnis"*),[37] oder macht er zum eigenen Schutz oder aus eigener Neigung den Unterricht zur Religionskunde ohne den christlichen Glauben überzeugt zu vertreten, wird er nur die bereits vorhandenen Meinungen der Schüler verstärken: „dieser Gott weiß nichts, er kann nichts, und schon gar nicht für mich." In diesem Zusammenhang finde ich die These oft bestätigt, wonach die Krise der Kirche die Krise ihrer hauptamtlichen Mitarbeiter ist, die selbst diese Stufe häufig nicht erreicht zu haben scheinen. Der „paulinische Imperativ" – Prüft alles, das Gute behaltet (1 Thess 5, 21) – erfordert vom Lehrer ein umfangreiches Wissen in allen Bereichen oder wenigstens die Bereitschaft, sich kritisch auf alle Fragen, inklusive des eigenen Lebensentwurfs, einzulassen.

Nun, lieber Leser, liebe Leserin, sollen Sie, wie eingangs erwähnt, erneut ihre persönliche Gottesvorstellung anhand der Liste in der Einführung überprüfen.

## 4. Die natürliche Menschenreligion

Benedikt XVI. hat darauf hingewiesen, dass der Glaube kein innerweltliches Phänomen ist, auch nicht die („produzierte") Religion Israels, sondern von außen – von Gott her – in die Welt tritt.[38] Denn die natürliche, innerweltliche Religion Israels ist der Baalskult gewesen, eine bäuerliche Fruchtbarkeitsreligion, die sich im alten Israel immer wieder bis hinauf zu den höchsten Rängen Bahn brach und wiederholt von den Propheten angeprangert wurde.[39] Das wirft die Frage auf, wie denn die dem Menschen natürliche Religion aussieht, weshalb er überhaupt Religion ausübt und ob sich das Phänomen Religion durch Aufklärung und Säkularisierung ausmerzen lässt.[40]

### 4.1. Vergöttlichung eigener Bedürfnisse

Unsere säkulare Gesellschaft erweist uns hinsichtlich dieser Frage einen wertvollen Dienst. Indem sie versucht, Gott auszublenden, zeigt sie uns, wie natürliche, menschliche Existenz aussieht und was „göttliche Erziehung" der Menschheit an wertvollen Errungenschaften bringt.

Wird Gott nämlich ausgeblendet, so wird auch der Mensch seiner Würde entkleidet; übrig bleibt der oben bereits beschriebene nackte Affe.[41] Als Motivation all unseres Handelns scheinen Instinkte und Triebe auf und die menschlichen Grundbedürfnisse brechen sich Bahn. Das sind im Wesentlichen das unmittelbare Überleben im Stillen von Hunger und Durst, das Weiterleben der Gene in der Vermehrung und die Ausübung der Willensfreiheit durch Macht über andere. Im täglichen Ringen um den

Erhalt der eigenen Existenz werden diese starken Bedürfnisse als Mittel eingesetzt und durch Vergöttlichung potenziert: Genuss, Fruchtbarkeit und Macht bilden als Göttertriaden häufig in den Kulturen der Menschheit eine Einheit.[42] Bei den Römern etwa waren es die Triade aus Minerva, Juno und Jupiter. Wie wir schon gesagt haben, kennt auch unsere säkulare Gesellschaft diese „göttlichen Instrumente“: Wohlstand, Genuss / Sex, Wachstum / Erfolg, Karriere. Wenn wir diese Grundbedürfnisse überhöhen, dann erwachsen dem Kopf Wissenswettbewerbe und Quizsendungen, wie es sie heute ohne Ende gibt, aber auch der Irrglaube, durch Wissenschaft die Welt vollständig erklären und folglich beherrschen zu können. Dem Bauch dienen Kochsendungen aller Art wie auch der gesamte Wirtschaftszweig der Wellness und der gesunden Ernährung und die Ausplünderung der gesamten Welt in einer Orgie der Habsucht. Dem Unterleib ist zum einen die ganze, umfangreiche, Milliardenschwere Sex-Industrie geschuldet, aber auch, wenn wir ihn als Ursprung der Fortpflanzung sehen wollen, alles rund ums Kind: Erziehungsratgeber, Sendungen wie „*Die strengsten Eltern der Welt*“, „*Supernanny*“ etc. sowie der ganze Förderwahn, in dem sich die Eltern an „ihrem Werk“ messen lassen. Übrigens sei an dieser Stelle darauf hingewiesen, dass die alten Tempel immer schon Wirtschaftsunternehmen waren. Es spricht einiges dafür, dass im Opferkult das Geld erfunden wurde.[43]

In der Hirnforschung kennt man einen so genannten *Orientierungspunkt* bzw. eine *Absolutsphäre*, nach deren Inhalt das eigene Leben ausgerichtet wird. Im Idealfall sollte dort der liebende Gott seinen Sitz im Menschen haben. Doch jedes Grundbedürfnis kann sich dort Raum verschaffen:

Genuss (Autofreaks), Sex (Playboys), Macht (das „Kanzlersyndrom") oder auch die eigene Person. Karl Lagerfeld soll einmal auf die Frage, wie er Gott sehe geantwortet haben: „Es fängt bei mir an, es hört bei mir auf, basta!"[44] Damit haben wir aber noch nicht den tiefsten Grund der menschlichen Existenz erreicht. Wir sehen zwar, dass die natürliche Religiosität des Menschen um seine Grundbedürfnisse kreist. Was aber ist der Motor, der diese ganze Maschinerie antreibt?

## 4.2. Kampf gegen die Vergänglichkeit

Ein grundsätzliches Problem der menschlichen Existenz ist das bewusste Erleben von Vergänglichkeit und Tod. Während eines Urlaubsaufenthalts auf der Nordseeinsel Langeoog beobachtete ich im Laufe eines warmen, sonnigen Tages Berge, die meine Tochter und ich aus Sand aufgetürmt hatten. Sonne und Wind trockneten den Sand an der Oberfläche aus. In vielen kleinen Lawinen rieselte er herab und mit der Zeit bildeten sich richtige „Geröllkegel". Gelegentlich gab es regelrechte Bergstürze. Ich erinnerte mich, dass Simon Lamb und David Sington in ihrem Buch *Die Erd-Geschichte* erklärten, dass in der in Jahrmillionen denkenden Geologie Gebirge „fließen", weil die Erosionsmassen allmählich in die Täler und weiter zu den Ozeanen hin driften.[45] So gesehen konnte ich also auf Langeoog das Vergehen von Gebirgen im Zeitraffer beobachten. Und das führte mir vor Augen, wie auf unserer Welt, wie überhaupt im gesamten Universum, alles vergänglich ist. In uns Menschen aber, die wir diese Vergänglichkeit und den Tod direkt wahrnehmen können, regt sich der Wunsch, diesem allgemeinen Verfall entgegentreten zu können.

Welche Strategien haben wir Menschen uns im Ringen um Unvergänglichkeit und Dauerhaftigkeit zurechtgelegt? Und ist der Gottesglaube womöglich doch nur die Illusion einer gewünschten Dauerhaftigkeit?

### 4.2.1. Der glückliche Graf Otto

Am 11. September 1180 belehnte Kaiser Friedrich Barbarossa zu Altenburg in Thüringen einen gewissen Otto von der Burg Wittelsbach mit dem Herzogtum Bayern.
Otto, damals schon über sechzig, wurde auf diese Weise für seine Treue und seinen Eifer bei den kaiserlichen Feldzügen in Italien belohnt. Da sein Geschlecht bei weitem nicht den Rang der Grafen von Bogen oder der Andechs-Meranier hatte, stand seine kurze Herrschaft auf tönernen Füßen und manch ein Zeitgenosse sah darin vermutlich nur ein kurzes Zwischenspiel in der bayerischen Geschichte. Dass dem nicht so war und dieses kleine Adelsgeschlecht auch heute noch, nach acht Jahrhunderten, untrennbar mit Bayern in Verbindung gebracht wird, hängt von zwei wichtigen Faktoren ab, die die Wittelsbacher bravourös meisterten: sie heirateten geschickt und sie sorgten dafür, dass es immer einen Erben gab.[46] Die Familie verzweigte sich weit – nicht immer zum politischen Vorteil Bayerns, das lange Zeiten der Zersplitterung kannte. Doch nie stand die Dynastie vor dem unerbittlichen Aussterben. Letztmals trat der kleine, aber nicht unbedeutende Zweig von Pfalz-Zweibrücken in der Person des Herzogs Max Joseph an, der 1799 das bayerische Erbe übernahm und dessen Nachkommen bis heute leben. Acht Jahrhunderte in machtvollen Positionen – damit gehören die Wittelsbacher zu den Familien, die weltweit am längsten eine bedeutende Herrschaft führten und als Herzöge, Kurfür-

sten, Könige und Kaiser die europäische Geschichte mitgestalteten.

Das Mittel der Herrscher, ihrer Macht und Herrschaft über den eigenen Tod hinaus Bestand zu verleihen, ist in der Regel die Zeugung legitimer Nachkommen – im Idealfall verbunden mit einer Einheiratung in eine mächtige, vermögende Familie.

Solchermaßen erfahren wir Menschen uns auch in unserem ganz kleinen Familienleben als Staffelläufer, die aus ihren Eltern kommen und ihr Lebenswerk an ihre Kinder weitergeben. Desmond Morris spricht darum auch von den unsterblichen Genen,[47] die von Natur aus Bestand durch Vererbung erreichen wollen. Unzweifelhaft sind wir in diesem natürlichen Prozess eingewoben. Sexualität und Kinderliebe drängen uns mit großer Macht, uns fortzupflanzen, unsere Gene weiterzugeben, die Familie zu erhalten. Aber wir geben unsere Gene gar nicht eins zu eins weiter. Jede Zeugung ist eine Vermischung der Gene *fifty fifty*. Genauso ist es dann auch mit dem vermeintlichen Erhalt des Familienstammbaums. Wenn wir eingangs von der „Dynastie der Wittelsbacher" gesprochen haben, so liegt dem das patriarchale Verständnis zugrunde, dass der Vater seine Familie fortführt – unter Zuhilfenahme einer oft genug unbeachteten Frau. Genau genommen ist der Genpool des Otto von Wittelsbach aber schon wenige Generationen später bis zur Unkenntlichkeit verdünnt worden. Das aber wollen wir nicht wahrhaben. Es geht uns ja gerade um den Versuch, Dauerhaftigkeit und Unvergänglichkeit innerhalb der Welt zu erreichen. Und ganz natürlich zeigt sich dieses Bestreben, in den Kindern die eigenen Gene beziehungsweise die Werke und Unternehmen, die man aufgebaut hat, erhalten zu wollen. Das Ziel steht vor Augen, einen echten Erfolg aber verspricht die Methode nicht.

### 4.2.2. Die Architekten der Pyramiden

Es gibt noch ein anderes Mittel, seine eigene Person dauerhaft in Erinnerung zu halten: Nicht eine Familie zu gründen, deren Nachkommen einen selbst irgendwann vergessen haben, sondern Denkmäler zu errichten, die die Jahrhunderte und Jahrtausende überstehen und mit dem Namen ihrer Schöpfer verbunden bleiben.[48] Zu den ältesten dieser Monumente gehören die Pyramiden von Giseh. Zwar weiß kaum jemand, dass das älteste und größte dieser Bauwerke unter der Leitung des Baumeisters Hemiunu errichtet wurde und die unzähligen ägyptischen Bauern, die während der Nilschwelle die Steinblöcke zogen, sind nur als Kollektiv nebulös vor unseren Augen. Doch wenigstens die Auftraggeber, Khufu, Khafre und Ma'atkare haben sich als Cheops, Chefrem und Mykerinos Namen gemacht, die auch nach vier Jahrtausenden noch weit über Ägypten hinaus bekannt sind. Andere Werke verbinden sich noch klarer mit ihren Urhebern. So etwa kennen wir noch Myron, der den weltberühmten Diskuswerfer in Bronze goss. Myron hatte das Glück, dass sein Werk bereits in der Antike in Marmor kopiert wurde, denn sein Original ist längst zerstört. Iktinos und Kallikrates haben es besser getroffen. Ihr Bauwerk, der Parthenon, steht noch – bruchstückhaft[49] – im Original auf der Athener Akropolis; und ehrt vor allem den Auftraggeber Perikles. Ein Denkmal lässt sich aber auch geistig setzen. Platon und Aristoteles haben ihre Namen durch ihre Bücher und Lehren erhalten, den Pythagoras kennt jeder Schüler, weil er auch heute noch seine Formeln lernen muss.

Wir sehen aber bereits, dass die Hoffnung trügt, durch handfeste oder geistige Leistungen den eigenen Tod zu überwinden. Wir kennen zwar von manchen alten Meistern noch die Namen – manche haben unsere Zivilisation bis heute geprägt – ihre Werke sind aber oft bereits zerstört und oft genug hat ein anderer sich im Andenken vorgedrängt. Dies ist also auch keine wirklich verlässliche Strategie, für die eigene Existenz Dauerhaftigkeit zu erlangen.

### 4.2.3. Der unsterbliche Alexander

Als der junge Makedonenkönig Aléxandros im Jahre 334 v. Chr. in Amphipolis aufbrach, um die Dardanellen zu überqueren, mag er eine Vorstellung von seiner Unternehmung gehabt haben, vielleicht auch eine Vision. Wie tiefgreifend aber der Alexanderzug quer durch das persische Imperium seine Nachwelt umgestalten sollte, war ihm vermutlich nicht im Vollumfang bewusst. Er mag neben handfesten politischen Interessen auch den Ruhm im Blick gehabt haben, der ihm winkte und ihn bis heute zum strahlenden Vorbild ehrgeiziger Politiker werden ließ. Antiochos III., Crassus, Cäsar, Nero, Napoleon; die Liste der Nacheiferer ist lang. Sie reicht bis zu Hitler und Stalin. Es bleibt den Historikern kommender Generationen vorbehalten, darüber zu urteilen, wie weit sich auch ein George W. Bush insgeheim als neuer Alexander empfand.
Ruhm bleibt zweifellos über Jahrhunderte und Jahrtausende bestehen. Nur: wo ist Alexander geblieben? Wo Cäsar? Wo Napoleon? Ihre Kinder – sofern sie welche hatten – sind tot, ihre politischen Erben ebenso. Und ihr Werk ist nur für den noch sichtbar, der sich in die Wissenschaft hineinkniet.

Wir Menschen haben diese drei vorgestellten Strategien entwickelt, um gegen die Vergänglichkeit und das Vergessen anzukämpfen. Das Leben ist ein ständiges Ringen um den Erhalt der eigenen Existenz. Das wird von der überwältigenden Mehrzahl menschlicher Mythologie, Literatur, im Schauspiel und Film in unendlichen Variationen thematisiert. Zwei markante Eckpunkte hierzu: Der Ursprung der Olympischen Spiele, die seit ca. 776 v. Chr. im alten Olympia ausgetragen wurden, war der Mythologie zufolge der große Held Herakles. Durch seine körperliche Kraft hatte er erreicht, dass er von den Göttern die Unsterblichkeit erlangte.[50] In den musischen und sportlichen Wettkämpfen ahmten die Athleten das große Vorbild nach – bis heute.
Und in der Süddeutschen Zeitung war am 16. März 2010 zu lesen, dass die im Barbarastollen auf schwarz-weißen Mirkofilmen eingelagerten deutschen Kulturgüter nun auf einem speziellen, mindestens 500 Jahre unverändert haltbaren Mikrofilm in Farbe katalogisiert werden sollen – eines der aktuellsten Beispiele im Kampf gegen das Vergessen und Vergehen.

### 4.2.4. Nach uns die Sintflut

Schließlich gibt es auch noch die Strategie, das Wissen um Tod und Vergänglichkeit einfach zu verdrängen, sich auf das Diesseits allein zu beschränken und das Leben in vollen Zügen zu genießen. Diese Lebenseinstellung kultivierten schon die alten Epikureer und sie findet gerade heute viele Anhänger. Das lässt sich beispielsweise daran festmachen, dass immer mehr Bürger auf Kosten ihrer Bank leben, indem sie ihren hohen Lebensstandard, ihr Auto, ihren Urlaub durch Schulden finanzieren.[51] Dass dieser Weg aufs Ganze gesehen nicht zielführend sein kann, zeigt die gegenwärtige, rücksichtslose Plünderung unserer Ressourcen. Im Jahre 2015 ist der Tag, von dem an die Natur nicht mehr regenerieren kann, was wir ihr abverlangen, bereits im August festgelegt worden. Wenn wir aber den ganzen Globus mit allem Leben auf ihm nur noch in Dollars bewerten und kaltblütig zu Geld machen wollen, versündigen wir uns an der Natur und an all unseren Kindern und Enkeln, denen wir das angerichtete Desaster hinterlassen.

### 4.2.5. Ein anderer Weg?

Wir müssen einräumen, dass unsere innerweltlichen Strategien im Ringen um Beständigkeit in der Welt der Vergänglichkeit letztlich keinen Bestand haben. Alle genannten Wege, so erfolgreich sie über die Jahrtausende auch erscheinen mögen, müssen vor der Frage kapitulieren, wie es damit wohl in hundert Millionen Jahren aussähe – eine im Universum vergleichsweise kurze Zeitspanne.

Eine echte Alternative ist es dagegen, zu jenem zu gelangen, das die Welt im letzten erschaffen hat. Denn dieser letzte Schöpfer kann ja notwendigerweise nicht zur Welt gehören; ebenso wenig wie Michelangelo Buonarotti wesensgleich ist mit seiner Pietá. Der Schöpfer des Universums ist entsprechend grundlegend anders als sein Werk, in diesem Fall also unvergänglich und dauerhaft. Diesen Schöpfer, über den hinaus nichts Größeres mehr gedacht werden kann, nennen wir Gott. Haben wir an ihm teil, so stehen wir gewissermaßen mit einem Fuß schon jetzt in der Ewigkeit, in der zeitlosen Dauerhaftigkeit. Wie die letzten Gedanken zeigen, erfordert es einiges an Vernunft, Gott zu postulieren; der Glaube ist deshalb wesentlich auf

Vernunft angelegt. Er ist in keiner Weise unvernünftiges oder unreflektiertes Hoffen und Sehnen oder dumpfe, naive Einbildung.

Das Christentum folgt diesem letzten Ansatz, den schon die Philosophen der alten Griechen gefunden hatten. Es geht aber darüber noch in einem wesentlichen Punkt hinaus:

Über die Jahrtausende haben unzählige Menschen am eigenen Leib erfahren, dass dieser Gott einer ist, dem man begegnet, der aktiv in Beziehung tritt. Ihm ist diese Welt nicht egal, er mischt sich vielmehr aktiv ein. Alle biblischen Geschichten zeigen diese Erfahrung.

Für uns bedeutet das, wir können in Gottes Dauerhaftigkeit und Unvergänglichkeit eintreten, wenn wir mit ihm in Beziehung, in Gemeinschaft treten. Dass es ein solches Über-Die-Welt-Hinaus-Schreitens (Transzendierens) überhaupt gibt, setzt voraus, dass es uns der Ganz Andere von sich aus ermöglicht. Diese Erfahrung kulminiert im Begriff der Liebe. Indem sich Gott uns Menschen zuwendet, uns das Bewusstsein für Vergänglichkeit und Ewigkeit verleiht, um uns sodann in seine Ewigkeit einzuladen, handelt er aus Liebe.

### 4.2.6. Glaube

Doch wie gelangt man auf diesen alternativen Weg? Ein Begriff, den wir in unsere Überlegungen bereits mehrfach mit einbezogen haben, ist der des „Glaubens". Heutzutage verstehen wir unter „glauben", etwas nicht sicher zu wissen, also etwas, das unserer wissenschaftlichen Weltsicht zuwiderläuft. Es wäre freilich ein Armutszeugnis für den biblisch-christlichen Glauben wenn er zweieinhalb bis dreitausend Jahre von der Haltung her leben würde:

*„Wir wissen nicht, ob es Gott gibt, wir vermuten es oder halten es für wahr.“* So eine Lebensgrundhaltung hätte niemals über einen so langen Zeitraum für so viele Menschen durch alle Höhen und Tiefen des Lebens geistige Heimat bieten können.
Dem hebräischen Begriff, von dem wir in der Bibel ausgehen, liegt eine fundamentale Bedeutung zugrunde: *hi'amenu* (darin steckt unser *„Amen“*) meint *existieren, Halt haben, leben im vollumfänglichen Sinne.*[52] Salopp könnte man Glaube in der PC-Sprache als das „Betriebssystem des eigenen Lebens“ bezeichnen. In diesem Sinne ist das Amen in der Kirche kein sanft gehauchtes „so sei es“, sondern eine überzeugte, existenzielle Zustimmung, eine verbindliche Unterschrift.
Auch der deutsche Begriff „Glaube“ weist ursprünglich auf ein Treueverhältnis im germanischen Recht hin. Er bezeichnet eine enge Bindung, vergleichbar dem Gelöbnis[53] eines Bundeswehrsoldaten, das ihn im Extremfall bis in den Tod an sein Vaterland bindet.
Glaube ergibt sich aus der Beziehung zu Gott und gibt dem ganzen Leben einen neuen Grund, eine neue Basis.[54] Christlicher Glaube ist folglich auch keine eigene Leistung, sondern ein „Wurzeln“, Ver*trauen*, Ver*traut*heit, Zu*trauen*, sich in seiner Lebensgestaltung ganz öffnen für Gott.[55]
Die *Sinnfrage* stellt sich für jeden Menschen, egal wo und egal wann er lebte. Und *Beziehung* pflegen wir Menschen seit frühester Kindheit. Ohne Beziehung zu seinen Eltern wäre ein Säugling nicht überlebensfähig. Versuche wie jener Kaiser Friedrichs II. haben gezeigt, dass Menschen, denen Beziehung vorenthalten wird, sich nicht entwickeln oder sogar früh im Kindesalter sterben. Dazu kommt die menschliche Eigenschaft der Neugier, stets über den ei-

genen Tellerrand zu schauen und seine Grenzen zu überschreiten. Diese Tendenz zur *Überschreitung* (Transzendenz) hat uns zu dem gemacht, was wir heute sind; sie wirft uns aber auch auf das Letztgültige, das jeder von uns im Innersten sucht. Mag sein, dass Gott doch nur ein Konstrukt des menschlichen Gehirns ist, eine Art „Über-Kuscheltier" für Erwachsene. Ohne ihn aber, das haben wir bereits festgestellt, wäre unser Leben ein irres Taumeln in einer sinnlosen Welt. Also hoffen wir, dass es ihn gibt – was sich ja bekanntlich nicht beweisen lässt – und folgen wir den Spuren, die er in unserer Welt hinterlassen hat.

# 5. Wie Gott uns erzieht

Gott sucht unsere Gemeinschaft. Das betrifft jeden Einzelnen wie auch die Menschheit als Ganze. Er will uns zu unserem wahren Menschsein „erziehen“ und sich uns mitteilen. Das kann er nicht in einem großen, himmlischen Spektakel. Wir sagten es bereits: Über einen Zeitraum von Jahrtausenden nähert er sich darum allmählich und geduldig uns Menschen an und zeigt sich „tropfenweise“ in seiner Offenbarung. Um sich uns in seinem Wesen zu erschließen, ohne uns unsere Freiheit zu nehmen, vermied er es zu allen Zeiten, einfach unverhüllt in all seiner Macht vor uns hinzutreten. Diese geduldige, langsame Annäherung nun, die in Gottes eigener Menschwerdung in Jesus gipfelt, macht ihn uns in unserer Welt begreifbar und belässt uns unseren freien Willen, ihm zu folgen – oder auch nicht.

## 5.1. Zwei Darstellungsweisen

Wollen wir die Vorgehensweise von Gottes Offenbarung nachzeichnen, bietet sich die Lektüre der Heiligen Schrift an. Nach unserer Überzeugung beinhält sie Gottes Wort – Gottes Weisung und die Art und Weise, wie er sich uns Menschen angenähert hat – nicht unmittelbar, wie nach dem Verständnis des Korans, sondern vermittelt durch die Erfahrungen und Erinnerungen der biblischen Autoren; deshalb aber nicht minder authentisch. Lesen wir die Bibel, so müssen wir uns dessen im Klaren sein, dass wir keine Tagebücher vor uns liegen haben, die streng chronologisch geordnet sind. Die Texte der Bibel wurden

vielfach überarbeitet und ergänzt, um den jeweiligen Zeitgenossen ihre eigene Zeit aus der Perspektive Gottes verständlich zu machen; beziehungsweise, um das nun tiefere Verstehen der früheren Erfahrungen einzubringen. Aus Respekt vor dem derart vermittelten Gotteswort wurden darum ältere Texte auch nicht einfach durch neue ersetzt, sondern das Alte wurde – auch um den Preis von Widersprüchen – um das Neue ergänzt.
So wie die Bibel vor uns liegt, ist sie von einer Redaktion zu einer bestimmten Zeit verbindlich festgelegt worden. In dieser „kanonisch" genannten Form hat die Bibel als Ganzes eine ganz bestimmte Absicht, die Geschichte Gottes mit den Menschen darzustellen. Das war die Sicht zur Zeit der Kanonisierung, das war nicht der authentische Weg der Entwicklung dieser Beziehung. Uns nun soll hier das Letztere interessieren: Wie hat sich Gott allmählich seinen Menschen mitgeteilt und wie hat sich entsprechend dieser Gottesglaube entwickelt? Dazu dürfen wir die biblischen Texte nicht in der Reihenfolge des Kanons betrachten, wie sie in der Bibel angeordnet sind, sondern wir müssen sie in der literarkritischen Reihenfolge anordnen, in der die Texte *tatsächlich historisch entstanden sind.*

Aber natürlich wollen wir der kanonischen Ordnung ihr berechtigtes, vom Juden- und Christentum respektiertes Ansinnen belassen. Darum beschreiben wir zunächst die kanonische Sichtweise der Beziehung Gott – Mensch.[56]
Abgesehen von der Urgeschichte Gen 1 – 11 beginnt Gott mit seiner Annäherung bei Abraham. Die Lektion, die der Patriarch zu lernen hatte, bestand in der Erkenntnis, dass dieser Gott weder an eine Naturerscheinung, noch an einen bestimmten Ort gebunden ist, sondern al-

lein an seine eigene Person. Noch ist nicht die Rede von einem monotheistischen Glauben – allerdings gegenüber Abraham beansprucht dieser Gott Ausschließlichkeit. Er spricht stets im Futur. Sein Bereich ist nicht die Gegenwart, sondern die Verheißung von Zukunft. Und er ist ein richtender Gott, der zwar regelrecht mit sich feilschen lässt, wie es Abraham in Sorge um Loth und seine Familie in Sodom tut, der aber dennoch angesichts der offenen Verletzung der Menschenwürde entschlossen handelt. In der Forschung hat man den Gott Abrahams darum einen „Stammesgott" und „Mitziehergott" genannt, weil er in persönliche Beziehung zum Nomadenstamm (bzw. dessen Oberhaupt) tritt und an keinen Ort gebunden ist. Er ist dort, wo seine Gläubigen sind.

Dieser Gott tritt später auch mit Mose in Beziehung. Auch jetzt schenkt er eine neue Zukunft in einem neuen Land und zieht mit seinem Volk durch die Wüste in die verheißene Freiheit. Jetzt aber greift er auch aktiv in das Geschehen ein. Er tut seine Macht an den Ägyptern kund und er führt die Israeliten an einen Ort, an dem er tatsächlich wohnt, zum Berg Sinai, der auch manchmal Horeb oder „Berg in der Wüste" genannt wird. Dort schließt er mit seinem Volk einen Bund anhand eines regelrechten Vertragswerks, um anschließend, wohnhaft in einem den Tempel zu Jerusalem vorausnehmenden Zelt unter den Menschen zu wohnen, mit ihnen zu ziehen. Und: er gibt sich selbst einen Namen. Nun wird er für die Menschen ansprechbar. Echte Beziehung auf gleicher Augenhöhe wird möglich.

Seit dem Bundesschluss am Sinai ist Gott der eigentliche Herr und König Israels. Als das Volk während der Richterzeit, dem Vorbild ihrer Nachbarn folgend, ein eigenes

Königtum fordert, wird das zunächst von gottgefälligen Richtern wie Gideon zurückgewiesen. Schließlich ist es Gott selbst, der durch die Person Samuels zuerst Saul und nach dessen Untreue David zum König über sein Volk bestellt.

Von dieser Warte aus erscheint die religiöse Praxis der späteren Könige als fortwährender Abfall von Gott JHWH. Dem Leser der Geschichtsbücher wird klar, weshalb Israel und Juda trotz Gottes Verheißungen untergehen mussten: Gottes Volk hatte sich in Sünde von ihm abgewandt und seinen politischen Untergang als gerechte Strafe dafür empfangen. Im Wesentlichen kam es den frühen Propheten zu, Gottes Position und die wahre Religion der Väter Israels beim abtrünnigen Volk anzumahnen; aber auch Gottes fortwährende Liebe,[57] die sich in den Verheißungen angesichts des drohenden Untergangs ausdrückt.

Im Exil erfährt Israel dann, dass sein Gott nicht mit seinem Land und seinem Tempel zugrunde gegangen ist, wie es der damaligen Sicht entsprach. Im Gegenteil. Jetzt formt sich die monotheistische Religion der Erzväter neu und reinigt sich. Diese neue Form der Religion braucht *„weder Vorsteher noch Propheten […] weder Brandopfer noch Schlachtopfer […] noch einen Ort um [Gott] eine Erstlingsgabe darzubringen.“*[58] In der Zeit nach dem Exil dann wird einerseits der Tempelkult erneuert, andererseits ist Israel nun im Judentum angekommen und reflektiert seine neue Lebensform in der Weisheitsliteratur.

Viele Verheißungen, die Gott seinem Volk in den Büchern des Alten Testaments macht, bleiben vorerst unerfüllt. In der Person Jesu Christi aber löst er sie ein. Gott weiß darum, dass sich die Menschen nicht alleine aus ihrer Verstrickung in der Sünde befreien können. Also wird er selbst Mensch durch die Jungfrau Maria, verkündet in seinem Evangelium das nahe Reich Gottes, wirkt Wunder und Zeichen, um sich dann aus freiem Willen dem Leiden der menschlichen Sünde zu unterwerfen. In seiner Auferstehung überwindet er Tod und Sünde[59] und gibt uns in seiner leiblichen Himmelfahrt unseren Status als Abbild Gottes zurück. Das Neue Testament endet mit dem Ausblick auf das Ende der universalen Geschichte: am Jüngsten Tag richtet Gott seine Schöpfung und verkündet: *„siehe, ich mache alles neu"* (Offb 21, 5).

Die Absicht des Kanons ist es nicht, die Entwicklung Israels an der Hand Gottes exakt historisch nachzuzeichnen. Dennoch hat er ein legitimes Anliegen und darf damit auch weiterhin befolgt werden:[60] Dieser große Bogen der Glaubensgeschichte spiegelt jede menschliche Entwicklung wieder, von der Kindheit, in der einem der Glaube der Väter vermittelt wird über die Zeiten der Anfechtung bis zur Rückkehr zum ererbten Glauben im Alter und dem Gericht im Tod.[61] Da der Kanon in dieser Weise Grundthemen der menschlichen Existenz aufgreift und die biblische Geschichte im Leben jedes Einzelnen vergegenwärtigt, ist er für jeden Leser bleibend gültig.

Gemäß unserer Absicht wollen wir nun aber versuchen, der Entwicklung des Gottesglaubens nachzugehen. Wie ist Gott vorgegangen, um sich der Menschheit mitzuteilen? Wie sind jene, die seinem Ruf antworteten, seiner „Pädagogik" gefolgt? Anhand ausgewählter, ihrem Alter nach geordneter Texte der Bibel versuchen wir, diese Entwicklung nachzuzeichnen.

## 5.2. Die Ausgangslage

Unsere Vorstellung, der Glaube an JHWH sei eine Besonderheit Israels, eines auserwählten Volkes, das von den Tagen Abrahams an bemüht war, sich und seine Religion von seiner heidnischen Umwelt abzugrenzen, wird vom Kanon vermittelt, entspricht so aber nicht der Wirklichkeit. Wir sind bereits von Benedikt XVI. darauf hingewiesen worden, dass der Glaube nicht natürlich in Israel gewachsen, sondern von Gott her in die Welt gebracht wurde.[62] Denn Israel war ursprünglich kein eigenes Volk, das „von außen" nach Kanaan einwanderte. Israel – der Stammesverbund der Hebräer – ist tatsächlich, historisch besehen und archäologisch belegt, ein fester Bestandteil der alteingesessenen kanaanäischen Bevölkerung und hat sich auch ganz und gar innerhalb dieser Bevölkerung allmählich entwickelt. Die Bezeichnung „Kanaan" wurde von den zahlreichen Stadtstaaten des syrisch-palästinischen Raumes als Selbstbezeichnung gebraucht und so auch von den Nachbarvölkern übernommen. Die Phönizier nannten sich Kanaanäer und ihre Sprache nannten auch noch die phönizischen Karthager „Kanaanäisch". Auch die Bevölkerung der späteren Königeiche Israel und Juda haben sich bis zu deren Untergang im 8. und 6. Jahrhundert vor Christus als kanaanäisch empfunden. Allerdings sind seit der ägyptischen Eroberung Kanaans im 16./15. Jahrhundert ein drastischer Bevölkerungsrückgang und eine Aufgabe der bäuerlichen Kultur gerade im Bergland zu beobachten. Die Bevölkerung ging zum Nomadentum über und stützte ihre Existenz vor allem auf Schafe, Ziegen und in geringem Umfang auch auf Rinder. Darum nannten die Ägypter sie *hapiru* – Kleinviehnomaden. Von diesem

Begriff leitet sich *Hebräer* ab. Der Zusammenbruch der Stadtstaaten an der Küste und der Einfall der Seevölker im 13. – 11. Jahrhundert führten wohl zu einem verstärkten Rückzug ins Bergland. Eine Organisierung zum politischen Selbstschutz wurde notwendig. Die Entstehung Israels und Judas müssen im Kontext einer erneuten „kanaanäischen Renaissance“ im 11./10. Jahrhundert gesehen werden.[63]
Die Konsequenz aus dieser durch die Archäologie[64] gestützten Historie des alten Israels ist, dass die Hebräer die natürliche, innerweltliche Religion Kanaans ganz selbstverständlich aus ihrem alten Erbe weiterführten. Dies war der Baalskult, eine bäuerliche Fruchtbarkeitsreligion, die bis in die spätrömische Zeit weite Teile der Levante prägte. Dass er sich im alten Israel immer wieder, bis hinauf zu den Königen, Bahn brach und wiederholt von den Propheten als Anwälten des Glaubens angeprangert wurde, ist ein starkes Indiz dafür, dass eben das die traditionelle Religion Israels war. Die Polemik mancher Propheten und anderer biblischer Autoren ist in eine Zeit zu datieren, als sich der JHWH-Glaube bereits soweit etabliert hatte, dass er die Baals-Religion mit Erfolgsaussichten bekämpfen konnte.[65]

Dem steht ein Gott gegenüber, der nicht aus dieser Welt stammt, keine Naturgewalten oder menschliche Grundbedürfnisse verkörpert; ein Gott, der ganz anders ist als seine Geschöpfe, sich diesen aber liebend zuwendet, um mit ihnen in Beziehung zu treten. Bei diesem schrittweisen Vorgehen der Offenbarung muss er Missverständnisse und Fehldeutungen der Menschen in Kauf nehmen, ihnen aber wiederholt und nachhaltig sein wahres Wesen

vermitteln. Bereits seit mindestens 100.000 Jahren haben wir Menschen eine Ahnung von einem transzendenten Jenseitigen. Davon zeugen die Gräber auf dem Berg Karmel.[66] Noch aber suchen sie es in ihrer ganz handgreiflichen Umwelt.
Aus dieser Perspektive nun erhalten die ältesten biblischen Texte einen ganz neuen Zusammenhang.

Um die folgenden Textbeispiele[67] literarkritisch einordnen zu können, müssen wir uns vom kanonischen Bild der Bibel verabschieden. Die Forschung hat uns bereits darüber belehrt, dass es sich bei Abraham, Isaak und Jakob nicht um mehrere Generationen der gleichen Familie handelt, sondern um Sippenverbände, die in etwa gleichzeitig nebeneinander existierten und sich angesichts der äußeren Bedrohung allmählich zu einem Großverband zusammenschlossen. Wir werden darum auch von der altvertrauten Vorstellung abrücken müssen, Abraham sei von Ur in Chaldäa aus nach Kanaan eingewandert. Viel naheliegender ist es, dieses Motiv mit der Rückkehr der Exulanten aus Babylonien in Verbindung zu bringen. „Abraham“ war wahrscheinlich ein *hapiru*-Verband, der in der Gegend südlich von Beerscheba nomadisierte, „Isaak“ ein Verband nördlich davon, „Jakob“ ein weiterer Verband im samaritanischen Bergland.
Ähnlich verhält es sich auch mit dem Auszug aus Ägypten. Die stolzen Zahlen von sechshunderttausend Männern zuzüglich Frauen und Kindern mögen für die späteren Königreiche Israel und Juda zutreffen; die *hapiru* um Mose, dessen Existenz in Frage steht, waren wohl nur ein kleiner Sippenverband. Das ist auch deshalb zu vermuten, weil eine Auswanderung der biblischen Größenordnung

garantiert in den reichhaltigen ägyptischen Schriftarchiven Erwähnung gefunden hätte.
In diesem Zusammenhang wollen wir uns nochmals daran erinnern, dass wir uns davor hüten sollten, Gott insgeheim aus unseren historischen Befunden auszublenden, um die vorgestellte Glaubensentwicklung zu einem innermenschlichen Prozess zu machen. Wir wollen in der Folge vielmehr unseren Blick aus der Perspektive Gottes auf den Glauben der Menschen richten.

## 5.3. Frühes Israel

Wir greifen zwei Texte heraus, die nach dem heutigen Stand der Forschung zum ältesten biblischen Bestand gehören.[68]

### Gen 28, 16-22

16 *Und es erwachte Jakob aus seinem Schlaf und er sagte: Es ist der Herr an diesem Ort und ich wusste es nicht.*
17 *Und er fürchtete sich und sagte: Wie erschreckend ist dieser Ort! Nichts anderes ist hier als das Haus Gottes und dieses ist das Tor des Himmels.*
18 *Und Jakob stand frühmorgens auf, er ergriff den Stein, den er damals untergelegt hatte zu seinem Kopf hin und er stellte ihn auf als Säule (Masebe) und er goss Öl auf seine Spitze.*
19 *Und Jakob rief den Namen jenes Ortes „Haus Gottes" (Bet El); Ulam Lus war der Name der Stadt zuvor.*
20 *Und es versprach Jakob ein Gelübde, indem er sagte: Falls Gott der Herr mit mir sei und er mich behüte auf diesem meinem Weg, wohin ich mich bewege und er mir gebe Brot zum Essen und ein Gewand zum Überziehen*
21 *und er mich zurückbringe durch seine Rettung in das Haus meines Vaters und er mir Herr als Gott sein möge,*
22 *so soll dieser Stein, den ich als Säule (Masebe) aufgestellt habe mir ein Haus Gottes sein und von allem, was du mir gebest, werde ich dir den Zehnten geben.*

Ähnliche Gelübde wie jenes, das Jakob hier ausspricht, sind uns aus der christlichen Wallfahrtspraxis geläufig: Als

Dank für erhörte Gebete oder Errettung in Notsituationen wird ein Votivbild oder eine andere Votivgabe gestiftet.

Der aufgerichtete Stein (Masebe) ist in der Levante ein typisches Symbol, um einen Gott an einem bestimmten Ort zu verehren. Das Öl, das Jakob darübergießt, ist ein Opfer; Öl symbolisiert Fruchtbarkeit, Reichtum und Freude. Mit Öl wird der König gesalbt.

Aus Jakobs Augen muss dieser Gott ihm erst seine Macht erweisen. Wenn er das vermag, dann ist Jakob bereit, ihn als seinen Gott zu akzeptieren und ihm ein Heiligtum zu errichten. Das erinnert an das „Auswahlverfahren", das König Krösus an verschiedenen Orakelstätten vornahm, um ein möglichst verlässliches Urteil treffen zu können; oder an die Inschrift auf der Warägerinsel im unteren Dnjepr.[69] Das hier ist nach dem Prinzip *do ut des* zu lesen: Wenn Gott Jakob gesund und wohlbehalten auf seinem Weg erhält, dann will er Gott dafür Respekt zollen. Und als Vorleistung richtet er den Opferstein auf.

Gott begnügt sich mit dieser Rolle; er lässt es sogar zu, dass dieser Jakob mit ihm an der Furt des Jabbok ringt – ein recht menschlicher Zug.

Wir werden für diese „historische" Jakobs-Sippe nach unserer Hypothese erwarten dürfen, dass sie Gott zunächst als einen aus dem kanaanäischen Pantheon wahrnahm; wohl weniger als Baal, den Fruchtbarkeits- und Wettergott, sondern eher als El, den mächtigen, aber weniger dynamischen Göttervater.[70] Gott wird von der Sippe als einer erkannt, der sie leitet, ihr fruchtbares Land zuweist und (an anderer Stelle) die Fruchtbarkeit der Herden und der Sippe selbst gewährleistet. Auf diese Weise verheißt und schenkt er der Sippe und ihrem Führer Fortbestand und Zukunft. Entsprechend wird Gott auch in der Jakob-Sippe als Schöpfer und Herr über den weiblichen Uterus wahrgenommen: Er allein ist es, der der Frau eine Schwangerschaft gewährt (Gen 30,1-2)[71] und Kinder aus Wohlwollen schenkt (Gen 33,5). Jakob – und ebenso Abraham nach Gen 13,14-18 | | Gen 26,2f. 24f; 28,13ff; 35,1 – tritt uns wie ein Schamane gegenüber. Zu unserer Vorstellung eines schamanischen Sippenhauptes passt, dass ihm Gott im Traum erscheint (Gen 31,11.24; Num 22). Der Alte Orient und die Antike insgesamt kennt so etwas zur Genüge.[72]

Unsere Hypothese wird erhärtet, indem Gott nirgends in den Erzvätererzählungen mit einem anderen Sippenmitglied Kontakt aufnimmt. Die Beziehung läuft alleine über das Sippenoberhaupt. So dürfen wir dem „Häuptling" also schamanische Züge zuerkennen: Abraham errichtet seinem Gott einen Altar, – der die Darbringung von Opfergaben voraussetzt – und tritt, möglicherweise in ekstatischen Zuständen, mit ihm in Verbindung. Wir können folglich feststellen, dass zur Zeit der Erzväter noch keineswegs dieser reine Glaube bestand, von dem die Israeliten des Kanons in späteren Zeiten abgefallen sein sollen.

Insgesamt ist die Einordnung der Erzvätererzählungen ganz am Anfang der Entwicklungslinien aber unsicher, weil sie in der Folgezeit wiederholt zu den eben erwähnten Glaubensvorbildern umgestaltet wurden. Das eben gezeichnete Bild aber scheint plausibel zu sein.

Was Abraham betrifft, so geben wir der Erwählung Abrahams nach Gen 13 der vergleichbaren Stelle in Gen 15 den Vorzug, weil die Selbstvorstellung *„Ich bin der Herr, der dich aus Ur in Chaldäa herausgeführt hat…"* (Gen 15,7) als Parallele zu *„Ich bin JHWH, dein Gott, der dich aus Ägypten* *herausgeführt hat…*“ (Ex 20,2) zu verstehen ist. Damit ist der Text bestimmt nicht Teil des ältesten Bestandes; er stammt vielmehr, wie auch Ex 20, aus der Redaktion der späteren Priesterschrift, auf die wir weiter unten zu sprechen kommen werden.

Der liebende Gott hat sich mit dieser Rolle zunächst begnügt. Sein Herantreten an die *hapiru*-Sippen, war dezent, und sie war die Offenbarung eines Gottes des Lebens, der den Sippen Nachkommen, Weideland und Zukunft schenkt.

## Ex 15,21

*Es stimmte aber Mariam vor ihnen [ein Lied] an, indem sie sagte: Lasst uns JHWH [dem Herrn] jubeln /*
*Er ist ruhmvoll und hat sich verherrlicht! /*
*Pferde und Kriegswagen warf er ins Meer.*

Diese kleine Perikope gilt weithin als ältester Text der Bibel. Sie zeigt eine neue Erfahrung: Dieser Gott ist einer, der aktiv an der Seite seines Volkes eingreift. Er sorgt nicht nur für die Fruchtbarkeit von Herde und Sippe, sondern er kämpft direkt für seine „Sippe“ gegen die ägyptischen Verfolger. Historisch geht man davon aus, dass es sich bei diesem Urerlebnis nicht um den Auszug einer ganzen Völkerschaft und dem Untergang der gesamten pharaonischen Streitmacht handelt, sondern um eine verhältnismäßig kleine Schar von circa 100 Leuten, die, wohl durch die Furt an Balah-See,[73] einer ägyptischen Grenzpatrouille entwischte. Das war gleichwohl ein wundersames Rettungserlebnis, weil man diese Ostgrenze angesichts der traumatischen ägyptischen Furcht vor Nomadeneinfällen durchaus mit dem Eisernen Vorhang im Europa des 20. Jahrhunderts vergleichen darf.

Ein kleiner *haipru*-Verband nimmt jetzt Gott als einen handelnden Gott wahr; das wirkt von Baal, El oder den anderen Göttern des kanaanäischen Pantheons zunächst vertraut. Was die Menschen an diesem Gott aber neu erfahren: er greift konkret in ihre Geschichte ein. Und das unterscheidet ihn nun doch grundlegend von dem mit den Jahreszeiten stets wiederkehrenden, heiligen Schauspiel vom Werden und Vergehen der Natur, wie es dem Baalskult eigen ist. Es bleibt die Frage, ob zur Entstehungszeit des Hymnus tatsächlich schon der Gottesname JHWH enthalten war, wie ihn der hebräische Text hier bezeugt.[74] Mit diesem Namen gewinnt Gott eine Identität, einen Namen, mit dem er untrennbar verbunden bleibt; außerdem einen Namen, der ihn als Gott der Allgegenwart und des Lebens ausweist und eine erste Vorstellung davon gibt, dass er der Einzig-Seiende ist.

Es bleibt fraglich, ab wann er *historisch* JHWH genannt wurde. Seine Namenlosigkeit in der Genesis muss eher als Tilgung aus späterer Zeit interpretiert werden. Der Name ermöglicht Beziehung.[75] Darum ist zu erwarten, dass Gott natürlich von Anfang an einen Namen hatte, der ihn anrufbar machte, und wenn es nur „El" – „Gott" – war.

Durch seine Tat, die der Mose-Verband bei seiner Flucht durch den „Eisernen Vorhang" Ägyptens mit Recht als wunderbare Rettung verstand, sprengt Gott die bisherige Wahrnehmung seiner Menschen. Hier wird etwas Neues erkennbar, das ihn also von den vertrauten Vorstellungen der kanaanäischen Naturgottheiten unterscheidet.[76]

## 5.4. Königreich

Wir müssen uns von dem Gedanken verabschieden, Israels Verfassung als Königreich sei grundsätzlich das Großreich der David-Dynastie und die Spaltung nach Salomos Tod ein Abfall davon. Historisch scheint die Herrschaft Davids und Salomos über alle zwölf Stämme, sofern sie überhaupt stattfand, eher eine Episode zu sein; vom archäologischen Befund her sind Israel-Ephraim und Juda von Anfang an als zwei verschiedene Königtümer entstanden und haben sich bis zu beider Untergang auch als eigenständig empfunden. Allenfalls unter den Königen Hiskia und Joschia wird heute von der Wissenschaft eine Großmachts- und Sammelpolitik für das Königreich Juda angenommen.[77]

**1 Kön 16,29-34**

29 *Im zweiten Jahr des Königs Josafat war Jachab, der Sohn 'Omris in Samaria über Israel 22 Jahre König.*
30 *Und es tat Jachab Böses vor den Augen des Herrn. Im Schlechten übertraf er all seine Vorgänger.*
31 *Nicht war er hinreichend in Bewegung gebracht in den Sünden Jerobeams, des Sohnes von Nabat.*
*Und er nahm zur Frau die Jizabel, die Tochter Jethebaals, des Königs der Sidonier. Und er ging und diente dem Baal und betet ihn an.*
32 *Und er errichtete dem Baal einen Opferaltar in dem Haus, das er ihm in Samaria errichtet hatte.*
33 *Und es legte Jachab einen Hain an und Jachab tat Taten des Zorns, die erzürnen den Verstand, der ausgerottet wurde. Er tat seine Taten über alle anderen Könige Israels, die ihm vorangingen, hinaus.*
34 *In seinen Tagen baute Achiël der Bet-Elit Jericho wieder auf. Auf Abiram, seinem Erstgeborenen, legte er die Fundamente und [über] Segub, seinem Jüngsten, setzte er ihre Tore, wie es das Wort des Herrn, das ergangen war durch Jesus, den Sohn des Naun, gesagt hatte.*

Dieser Text beschreibt in seinem historischen Kontext vermutlich deutlich wie kaum ein anderer die religiöse Situation in den beiden hebräischen Königreichen bis ins späte 7. Jahrhundert vor Christus.[78] Bereinigt von späterer

Polemik wird Jachab (Ahab) als glänzender Politiker dargestellt. Er baut die neue Hauptstadt Samaria, die sein Vater Omri gegründet hatte, weiter aus, errichtet neue Tempel und geht mit Jizabel eine politisch glänzende Eheverbindung ein. Der Kult für Baal gewährleistet Wohlstand für das Reich. Die priesterliche Opferhandlung und die einem Schamanen gleiche Mittlerrolle zwischen Gott und dem Volk gehören in der gesamten Region des vorderen Orients zu den traditionellen Aufgaben des (Gott-)Königs. Die späteren Schriften stilisieren dann Mose als den Idealtyp eines solchen Königs.[79]

In der Septuaginta wird jener Begriff, den die Einheitsübersetzung mit „Kulthöhe" wiedergibt als „Hain" bezeichnet. Auch damit ist er ein Kultort, wie die Heiligtümer des Äskulap in Griechenland belegen.

Die politische wie auch religiöse Eigenständigkeit wird für das Nordreich in seinen Kultstätten deutlich, die, mit Stierbildern ausgestattet, die kultischen Zentren bis zur Assyrerzeit bilden (vgl. 1 Kön 12,26-33). Es bleibt bei diesen Tempeln, den „Sünden Jerobeams" ungewiss, ob tatsächlich vor dem Untergang des Nordreiches eine Konkurrenz zwischen den Tempeln in Bet-El und Jerusalem bestand und Ephraimiter zum Zion pilgerten. Lesen wir 1 Kön 6 kritisch, stellen wir fest, dass sich die Ausmaße des salomonischen Tempels gegenüber der königlichen Palastanlage bescheiden ausnehmen. Der Tempel war damals kaum größer als eine gegenwärtige Dorfkirche. Sein Standort auf dem Palastgelände lässt erahnen, dass JHWH in Israel und Juda zunächst nur als Gott des Königs wahrgenommen wurde, der den Herrscher legitimierte[80] wie in Ägypten und Mesopotamien auch, der also vor allem ein Gott des Königshauses war. Der König tritt nun an die Stelle der Sippenhäupter als Mittler und oberster Priester des Reichsgottes. Wie wir uns das Heiligtum in Jerusalem vorstellen dürfen, ist kaum rekonstruierbar. Die Bundeslade mag einer Barke entsprochen haben, wie sie in Ägypten Verwendung fand. Die starke politische Ausrichtung Judas auf Ägypten hin legt nahe, dass sich die Bundeslade, wie sie etwa in Jos 6 beschrieben wird, in Aussehen und Funktion an den ägyptischen Götterbarken orientierte. Sie diente wohl zunächst dazu, das Stierbild JHWHs zu tragen. Ob aber im Allerheiligsten von Jerusalem auch ein goldenes Stierbild stand, bleibt dahingestellt. Für Bet-El und Dan im Nordreich aber ist das bezeugt.

Einen Schlüssel, wie wir diese Standbilder richtig einordnen können, haben wir mit Ex 32,1-5a.6 in der Hand. Wir sind es gewohnt, die Erzählung vom Goldenen Kalb aus dem Blickwinkel der Zehn Gebote zu lesen. Diese aber sind erst später durch die Autoren der Priesterschrift in den Text eingefügt worden.[81] Ohne den Kontext des Bundesgesetzes, der das Standbild polemisch zum „Kalb" degradiert, rückt diese Erzählung ins Zentrum der Sinai-Überlieferung, weshalb man dem Text möglicherweise ein hohes Alter zurechnen darf.

Die Pluralform *„Das sind deine Götter, die dich aus Ägypten herausgeführt haben"* klingt stark an Ex 20,2 an und mag als Spitze gegen einen vermeintlichen Götzenkult dienen. Im Originaltext mag nur von einem Gott die Rede sein – nicht weil Israel damals bereits monotheistisch dachte, sondern weil nur *ein* Götterbild aufgerichtet wurde. Solche Bildnisse hat man in der Levante mehrfach gefunden: goldene Stierbilder. Der Stier gilt als Symbol der Fruchtbarkeit und Stärke. So trägt auch Baal Stierhörner auf seinem Helm.

Num 23,19-22 belegt unsere These: Gott hat Hörner wie ein Wildstier.
Aus Dankbarkeit für seine Errettung errichtet Israel Gott, den es möglicherweise bereits *Elohim* (Gott der Götter) nannte, ein Stierbild, bringt Opfer dar und feiert. Aus altkanaanäischer Perspektive ein feierlicher und ehrfürchtiger Akt. Aaron tritt in diesem Zusammenhang als Priester (und schamanischer Mittler) Gottes auf. Zum Bruder des Mose wird er vermutlich erst in späteren Überarbeitungen. Bemerkenswert ist die Ähnlichkeit seines Namens mit dem hebräischen *'arōn*, mit dem unter anderem die Bundeslade gemeint ist.
Die Kulthöhen von Samaria, die sich hinter dem „Hain"[82] in unserer Übersetzung von 1 Kön 16 verbergen mögen, konnten noch nicht konkret archäologisch nachgewiesen werden.
Der Hauptgott war traditionell der Gott des Thrones, der im Gewitter daherkommt, um nach der Dürre wieder Wachstum zu bringen. In der uralten Tradition des sterbenden und wieder zum Leben kommenden (Natur) Gottes ist auch eine Wurzel des jüdischen Pesachfestes zu sehen.[83]
Vielleicht finden wir in diesen beiden Reichen mit ihren Reichsgöttern auch einen Schlüssel zur „Namensgebung" Gottes. Die uns aus dem Kanon vertraute Namenlosigkeit Gottes während der Erzväterzeit, die erst durch die souveräne Namensgebung JHWHs vor Mose ein Ende findet, ist, wir erwähnten es schon, wohl eher das Ungewöhnliche. Ex 3 will uns aus einer späteren Warte deutlich machen, dass Gott sich von niemandem benennen lässt, weil die Namensgabe ein herrschaftlicher Akt ist. Historisch spricht einiges dafür, dass die *hapiru* bereits bald ih-

ren (Haupt)Gott mit einem Namen ansprachen – in allen Kulturen und eben auch in Kanaan musste der Gott doch zur Unterscheidung zu anderen Göttern anrufbar sein. Wir dürfen annehmen, dass Gott im Nordreich *Elohim* genannt wurde, was eine Entsprechung zum kanaanäischen *El* ist. Den Namen finden wir in dem Reichsnamen Isra-*el* wieder. Der Begriff kann auf zweierlei Weise übersetzt werden: „Der *gegen* Gott streitet“ (vgl. Gen 32, 23ff) oder „Der *(zusammen) mit* Gott (gegen alle anderen) streitet“. Letztere Variante passt in unser gewonnenes, zeitgenössisches Religionsverständnis eines Reichsgottes.

Noch deutlicher wird eine Identität von Gottesnamen und Reichsnamen im Südreich: JHWH und Jehuda (JHWDH) sind sich so ähnlich, dass wir einen inhaltlichen Zusammenhang beider Namen vermuten dürfen. JHWH wird auch wiederholt der *Gott vom Berg in der (südlichen) Wüste* genannt. Mit diesem Berg wird kaum der heute bekannte, markante Berg Sinai gemeint sein, er ist aber wohl im Umland Judas – im Negev oder im Bergland von Edom – zu suchen.[84] Unsere Überlegungen führen dahin, das *JHWH-Land* mit Juda selbst zu identifizieren.

Lesen wir den Vers 1 Kön 16,34 genau, so wird uns grausig bewusst, dass hier von Menschenopfern die Rede ist. Achiël lässt seine Kinder Abiram und Segub töten, um über ihren Leichen die Fundamente der Mauern und die Stadttore der Festung zu errichten. Solche Praktiken sind aus dem Alten Orient bekannt.[85] Die Menschenopfer sollen die Burg unter Gottes ganz besonderen Schutz stellen, ihr dauerhaften Bestand geben und vor einer Eroberung schützen.

JHWH wird also als vorexilischer Reichsgott und persönlicher Schutzgott in einem funktionierenden Königtum wahrgenommen.[86] Der Eine Gott, der Ganz Andere hat sich geduldig den Israeliten angenähert und wurde in beiden Königreichen wohlmöglich unter je anderem Namen verehrt. Auch zu dieser Zeit wird er – falls Israel zu jener Zeit tatsächlich schon den Einen Gott dahinter erkannte – wie eine altorientalische Natur- und Reichsgottheit verehrt. Noch ist die Tora nicht geschrieben; ihre Texte entstehen erst allmählich im Dienste der Tempelliturgie.[87] Israel und Juda beziehen ihre Identität aber schon aus der Errettung am Schilfmeer und das Südreich fasst seine Daviden-Dynastie und deren mögliche (kurze) Herrschaft über alle zwölf Stämme als eine Gnadengabe „ihres" Gottes auf. Noch wird er nicht als der einzige, alleinige Gott erkannt, allenfalls als der Höchste unter allen Göttern – so ein Denken wurde aber in Israels Umwelt auch schon praktiziert. Er wird die Menschenopfer nicht gutgeheißen haben. Der Autor von der Erzählung des Abrahamsopfers hatte da sein Wesen schon genauer erfasst.

## 5.5. Vorexilische Propheten

Wenn wir nach den Propheten fragen, die vor dem Untergang der beiden Reiche wirkten, so kommen wir auf ein Feld großer Unsicherheit. Gestalten wie Amos, Jesaja oder Jeremia werden zwar nach wie vor als historische Personen nicht geleugnet. Ob und in welchem Umfang wir aber authentische Aussagen von ihnen besitzen, ist sehr umstritten.[88] Letztlich darf aber auch hier gelten, was Benedikt XVI. über Jesus bemerkte: *Wo sollte eigentlich [die prophetische Botschaft] hergekommen sein, wenn der [historische Prophet] keine Grundlage dazu bot?*[89]

Auch der Prophet Elia in den Königsbüchern kann uns nur bedingt Auskunft über seinen „historischen" Gottesglauben geben, weil auch diese Erzählungen sicher durch spätere Autorengruppen überarbeit worden sind. So klingt die Vision des Elia am Berg Horeb, in der ihm Gott ganz auf Augenhöhe gegenübertritt, vielmehr nach der Konzeption der späteren Priesterschrift, die wir weiter unten noch betrachten werden. Vielleicht kommen wir dem „historischen Elia" noch am Nächsten im Wettstreit mit den Baalspriestern auf dem Berg Karmel (1 Kön 18,1-46). Die geschilderte Opferpraxis passt möglicherweise in die umrissene zeitgenössische Religiosität. In diesem Fall geht es für Elia um den Primat JHWHs/Elohims über Baal. Somit fügen sich die frühen Propheten – wohlmöglich gar bis hin zu Ezechiel – ganz in die Prophetie, wie sie auch für Israels Umfeld ausführlich bezeugt ist.[90] Zumindest für die frühen Propheten dürfen wir folglich eine Art schamanischen Status dahingehend annehmen, dass sie als Sprachrohr, also Mittler Gottes galten. Dem biblischen Prophetentum war allerdings wohl immer schon eigen, dass es ohne Hilfsmittel auskam, also allein durch das göttliche Wort wirkte. Auch solches ist aber kein biblisches Spezifikum.[91]

**Am 2,13; 9,11-15**

2,13 *Seht, ich lasse den Boden unter euch schwanken, wie ein Wagen schwankt, der voll ist von Garben.*

*[…]*

9,11 *In jenen Tagen werde ich das Zelt Davids aufrichten, das zusammengestürzt ist und stelle ihren Zusammensturz wieder her. Ich werde ihren Versturz wieder aufrichten und ich stelle alles wieder her wie in den Tagen der Vorzeit,*

12 *damit sie fordern die Übriggebliebenen der Menschen und aller Völker, über denen mein Name ausgerufen ist – so sagt Gott, der Herr, der das alles wirkt.*

13 *Siehe, es kommen Tage, spricht der Herr, und eingeholt wird der Gärtner vom Weinleser, die Traube vom Samen, und es triefen die Berge von Süße und alle Hügel werden zusammengewachsen sein als ein Weinberg.*

*[14] Und ich werde umwenden die Gefangenschaft meines Volkes Israel und sie werden die Städte wiederherstellen und darin wohnen und sie werden Weinberge anpflanzen und deren Wein trinken und sie pflanzen Gärten an und essen deren Früchte.*
*[15] Und ich pflanze sie ein in ihre Erde und nicht werden sie ausgerissen werden aus ihrem Land, das ich ihnen gegeben habe, so spricht Gott der Herr, der Allherrscher.*

Vermutlich zum historischen Bestand des Amos gehören die fünf Visionen, die dem alltäglichen Landleben entnommen sind (Am 7,1 – 9,15), und die Strafandrohungen über die Völker (Am 1,2 – 2,16). In Am 1,1 wird eine Zeitangabe gemacht, auf die sich die Strafandrohung bezieht: ein schweres Erdbeben erschütterte Kanaan. Amos führt die Naturkatastrophe auf den Zorn JHWHs angesichts der menschlichen Frevel zurück. Dies ist immer noch ganz im Gottesbild verortet, wie wir es vom Königreich gezeichnet haben. Allerdings gehören zu Amos' Kritik an Juda und Israel die kanaanäischen Götterkulte und die Missachtung des (deuteronomistischen) Gesetzes (2,4) bzw. Schuldsklaverei, Tempelprostitution und Trinkgelage (2,6-8). Die aktive Rolle Gottes in einer Heilsgeschichte mag noch der Reichsreligion entstammen. Neu ist aber die fast schon mütterliche Fürsorge Gottes um sein Volk, der nicht nur mit (väterlichem) Wutschnauben seine Völker züchtigt, sondern mit (mütterlichem) Erbarmen[92] die Zerstörungen des Erdbebens an Mensch und Stadt heilt. Deutlicher als bisher tritt Gott als ein Gestalter der Geschichte auf, als einer der die Seinen begleitet und sich um sie mit elterlicher Liebe kümmert. Jetzt treten auch andere (von Gott berufene) Mittler neben den König, der ja diese Rolle im ganzen Alten Orient allein für sich beanspruchte.

**Jes 7,1-16**

*1 Und es geschah in den Tagen von Achas, dem Sohn Jotams, des Sohnes Usijas,*
*des Königs von Juda, da zogen Rezin, der König von Aram und Pekach, der*
*Sohn Remaljas, der König von Israel, nach Jerusalem hinauf, um es zu belagern*
*[…]*
*2 Und als man es dem Hause Davids meldete, sagend: verbündet haben sich*
*Aram und Ephraim, da war er [Achas] entsetzt und ebenso sein ganzes Volk;*
*so wie im Wald das Holz im Wind, so schwankten sie.*
*3 Und da sagte der Herr zu Jesaja: Geh hinaus, um Achas zu treffen, du zu-*
*sammen mit Jaschub, deinem Sohn […]*
*4 Und sage zu ihm: Achte darauf zu ruhen und fürchte dich nicht! Dein Leben*
*sei nicht kraftlos wegen dieser beiden brennenden und rauchenden Hölzer*
*[…]*
*7b Ihr Bündnis wird nicht bestehen bleiben, [was sie planen] wird nicht sein.*
*[…]*
*9b Und wenn ihr nicht glaubt, werdet ihr nicht zusammenbleiben.*
*10 Und nochmals sprach der Herr zu Achas, indem er sagte:*
*[…]*
*14 Durch dies wird der Herr selbst euch ein Zeichen geben: Siehe die Jungfrau*
*wird im Uterus haben und sie wird einen Sohn gebären und sie wird seinen*
*Namen Emmanuel rufen.*
*15 Er wird Butter und Honig essen bis er weiß das Böse zu verwerfen und das*
*Gute zu tun.*
*16 Denn bis das Kind weiß das Böse zu verwerfen und das Gute zu wählen, wird*
*das Land der beiden Könige verödet sein vor deren Angesicht du Furcht hast.*

Wollen wir den „ersten“ Jesaja in den oben beschriebenen Zusammenhang einordnen, so stellt die Verheißung eines Sohnes durch die Jungfrau eine Garantie der Zukunft für das Haus Davids durch den Reichsgott dar; angesichts der geschilderten Bedrohung im syrisch-ephraimitischen Krieg ein Paradox. Da wir aber keine Schwierigkeiten haben, die Verheißung in den skizzierten Rahmen der Gottesvorstellungen einzufügen, spricht das für ein hohes Alter des Textes. Mit der „Jungfrau“ ist die Königin gemeint. Neben der Deutung des hebräischen Wortes als „junge Frau“ ist auch auf die ägyptische Staatsideologie hinzuweisen, wonach die Königin als *jungfräuliche* Isis vom Sonnengott Re oder von Osiris den neuen Horusknaben, den Thronfolger, empfängt.[93] Da das davidische Königtum in Jerusalem ideologisch-politisch stark an Ägypten orientiert war (vgl. beispielsweise 1 Kön 3,1), dürfen wir solche Anspielungen durchaus annehmen. Vers 4 ermahnt den König zum ruhen. Der Begriff kommt mehrfach dort vor, wo es um Beziehung geht. Der Schöpfungsmythos des ägyptischen Gottes Ptaḥ aus Memphis legt das auch für den 7. Tag als Ruhe-Tag in Gen 2,2 nahe.[94]

Der seltsam anmutende Satz *„Wenn ihr nicht glaubt, werdet ihr nicht zusammenbleiben*[95]“ (Vers 9) ist im Hebräischen ein Wortspiel mit jenem Verb, das wir mit „glauben“ übersetzen und in dessen Wortstamm unser *Amen* enthalten ist. Benedikt XVI. übersetzt so: *„Wenn ihr nicht an JHWH fest-*haltet, *so werdet ihr keinen* Halt *[in der Welt] haben.*“[96] Der Begriff meint angesichts der bevorstehenden Belagerung mit allen barbarischen Konsequenzen einer Erstürmung das nackte Überleben, die eigene Existenz. Wir könnten also übersetzen: *„Existiert ihr nicht [in Gott], so existiert ihr nicht [mehr weiter in der Welt].*“ So deutlich ist der Begriff des Glaubens als existenzielles Festmachen in Gott bislang in der Bibel noch nicht definiert worden. Auch hier wird die traditionell rein kultische Praxis der Religion zu einer persönlichen Beziehung noch allein zum König hin überschritten.

Gott der Eine hat sich solchen Menschen, die klar und unverstellt Augen und Ohren offen hielten, als einer gezeigt, der sein Volk führt, sich um die Menschen kümmert, auch wenn sie sich von ihm abwenden. Die Propheten erkannten ihn als einen, der über die königliche Sippe hinaus mit allen Menschen Israels eine enge, schon familiäre Beziehung sucht, auf den hin jeder Mensch existenziell ausgerichtet ist.

## 5.6. Deuteronimisten

Zur Zeit des Königs Joschia im 7. Jahrhundert wurde angeblich bei Umbauarbeiten am Tempel ein Buch entdeckt und von der Prophetin Hulda als das verbindliche Gesetz Gottes erkannt. Dieses so genannte *zweite Gesetz* (*Deutero-Nomion*) gab einer Reformbewegung den Namen, die im Königreich Juda eine breite theologische Wirkung entfaltete. Neben dem Buch Deuteronomium und etlichen redaktionellen Überarbeitungen in der Torá, der „Weisung" Gottes, entwickelten die Deuteronomisten ein umfangreiches Geschichtswerk, das das sündige Verhalten der Menschen Gottes Gesetz gegenüber als Ursache für den politischen Verfall Israels deutet.[97]

**Dtn 12,4-7**

*4 Ihr sollt nicht das gleiche tun eurem Herrn und Gott (wie diese Völker),*
*5 sondern (ihr sollt fragen) nach dem Ort, den auswählen wird Gott der Herr aus euren Stämmen, den er benennt, indem er dort seinen Namen anbringt. (Danach sollt ihr fragen und dahin sollt) ihr gehen.*
*6 Diesen sollt ihr aufsuchen und dort sollt ihr einziehen und tragt dorthin eure Brandopfer und eure Opfertiere, euer Erstlingsopfer, euer Gebet, eure freiwilligen Opfer und euer als erstes Geborenes der Rinder und Schafe.*
*7 Dort esst vor eurem Gott und Herrn und seid fröhlich über alles, was eure Hände gemacht haben, ihr und eure Familien, weil dich gesegnet hat dein Herr und Gott.*

Wir haben bislang erkennen können, dass die Religion Israels zunächst vollständig aus der Religiosität Kanaans erwachsen ist. Oder anders formuliert: Die Menschen

Israels und Judas haben den sich ihnen offenbarenden Gott noch nicht als den einen, einzig existenten Gott erfasst. Am Ende des 7. Jahrhunderts vor Christus ändert sich das. Das Assyrerreich zerfällt. Dem bisherigen Vasallkönigtum Juda gelingt es (mit ägyptischer Duldung), bedeutende Teile des alten Nordreiches Israel zu erobern. Folglich zentriert sich nun der Kult JHWHs auch für die Nordstämme in der politischen und kultischen Hauptstadt Jerusalem. Aus dieser Perspektive müssen wir noch keinen universalen Monotheismus ableiten; wohl aber einen Kultzentralismus: JHWH wohnt allein – und für alle Untertanen des Königs verbindlich – nur im Tempel zu Jerusalem.[98] Allerdings hören wir jetzt eine eigenartige Formulierung: im Tempel wohnt der „*Name des Herrn*". Wir dürfen also in dieser Zeit des Königs Joschia davon ausgehen, dass im Allerheiligsten kein Götterbild mehr stand, dass dort vielmehr nur der Name Gottes, die Beziehung Gottes zu den Menschen, gegenwärtig ist. Jetzt hat man in Jerusalem verstanden, dass Gott keine Naturgottheit ist, wie sie aus dem kanaanäischen, ägyptischen und mesopotamischen Umfeld wohlvertraut ist. Gott wird nicht nur als unsichtbar erfahren, sondern nun offenbar auch so „dargestellt". Vielleicht ist hier auch Gedankengut flüchtiger Priester aus dem Nordreich eingegangen.

Dtn 6,5 nennt Israels Gott „einzig". Ein Monotheismus, der zumindest für jeden Anhänger JHWHs gilt, wird hier erstmals greifbar. Der Begriff „einzig" ist der Sprache der Liebe entnommen. Das Verhältnis zu Gott erscheint wie eine Liebesbeziehung, wie es schon bei Jesaja aufleuchtet. Die Theologen des Deuteronomiums erkennen das Ringen Gottes um sein Volk als eine Liebesbeziehung, darum die Aufnahme eines zentralen Begriffes aus der Liebessprache. Und aus dem gleichen Grund kann Gott jetzt als ein eifersüchtiger Gott erfasst werden, der in einer glühenden Beziehung um die wirbt und ringt, die seine Stimme hören.[99] Spätestens jetzt bedarf es keiner Mittler mehr zischen Gott und den Menschen. An diese Stelle tritt jetzt das Gesetz, das Gottes Offenbarung enthält und von jedem gelesen werden kann. Zu diesem Gott tritt in Beziehung, wer sich an seine Gebote hält.

## 5.7. Propheten des Exils

### Ez 1,1ff

*1 Und es geschah im dreißigsten Jahr im fünften Monat seit des Monats der Wegführung; ich war inmitten der Gefangenschaft am Fluss Kebar und es öffneten sich die Himmel und ich sah eine Erscheinung Gottes*

*[…]*

*4 Und ich sah und siehe, ein herausreißender Wind kam von Norden, eine große Wolke in ihr und Lichtglanz rings um sie und hervorblitzendes Feuer.*

*5 Und in der Mitte dieser bernsteinfarbenen Erscheinung, in der Mitte des Feuers: Glanz in ihr.*

*Und in der Mitte war es wie vier Lebewesen. Und dies war ihre Erscheinung: Es war die Gestalt wie die des Menschen an ihnen*

*6 und vier Gesichter hatte ein jedes und vier Flügel hatte ein jedes.*

*7 Und ihre Beine waren aufrecht und beflügelt ihre Füße und Funken, hervorblitzend wie Erz und leicht beweglich waren ihre Flügel.*

*8 Und je eine Menschenhand war unter ihren Flügeln an ihren vier Seiten.*

*[…]*

*10 Und das waren die Erscheinungen ihrer Gesichter: das Gesicht eines Menschen und das Gesicht eines Löwen zur Rechten der Vier; das Gesicht des Stieres zur Linken der Vier und das Gesicht eines Adlers.*

*[…]*

*22 Und über den Köpfen der Lebewesen war etwas wie ein Firmament wie die Erscheinung von Kristall, angeordnet über den Flügeln oberhalb.*

*[…]*

*26 Wie die Erscheinung von Lapislazuli war etwas wie ein Thron über ihnen und auf dem, was wie die Erscheinung eines Thrones aussah, war etwas, wie ein Mensch von der Höhe herab.*

*27 Und ich sah ein hervorblitzendes Gesicht […] und ein Glanz rings um ihn.*

Mit der Eroberung Jerusalems und der Zerstörung des Tempels durch Nebukadnezar sollte der Gott Israels vernichtet werden. Nach dem herkömmlichen Verständnis des Alten Orients war ein Gott, zumal ein Reichsgott, wesentlich an sein Heiligtum gebunden. Darum war die Brandschatzung des Tempels kein Versehen im Handgemenge des Kampfes, sondern gleichsam ein „sakramentaler" Akt. Mit seinem Heiligtum verlor der Gott seine Wohnung und musste fortan machtlos und ohne sein Volk wie ein Schatten umherirren. Durch das Vergessen hörte er schließlich auf, ein Gott zu sein. Diese Vorstellung hatten zweifellos auch die Judäer, als sie ihren Tempel auf dem Zionsberg in Flammen aufgehen sahen und die Oberschicht nach Babylon ins Exil deportiert wurde. Das macht die Vision des Priesters Ezechiel an den Ufern des Baches Kebar unweit von Babylon so umwerfend. Denn er erfährt: Gott ist nicht an den Tempel in Jerusalem gebunden, sondern er begleitet sein Volk überall hin. Dabei spricht er aber durchaus in traditionellen Bildern. So kommt Gott wie im Gewitter daher. Der ausführlichen Beschreibung der vier Wesen und des Thrones, den sie tragen, könnte eine Beschreibung des Allerheiligsten im Tempel vor seiner Zerstörung zugrunde liegen. Seit den Deuteronomisten gab es im Tempel kein Standbild Gottes mehr; wohl aber vielleicht einen leeren Kerubenthron. Weshalb sollte der Gott Israels auch nicht in der Art seinem priesterlichen Propheten erscheinen, wie er sich ihm in Jerusalem präsentiert hatte. Das dient ihm quasi als Ausweis, dass er auch tatsächlich JHWH ist und kein anderer Gott. Allerdings verrät der recht umständliche, zurückhaltende Sprachstil, dass Ezechiel hier nicht plump das Standbild des Tempels beschreiben wollte, sondern er

sich des Bildverbots des deuteronomistischen Dekalogs sehr wohl bewusst ist. Er ringt sich jedes Wort, mit dem er die Gotteserscheinung beschreibt, regelrecht von den Lippen ab. JHWH tritt in der Verkündigung Ezechiels vor allem als Gott Israels auf. Ob er auch schon als der Gott der Welt erkannt wird, bleibt noch dahingestellt.
Gott, der Einzige offenbart sich in der Ferne, die für ihn keine ist. Indem Ezechiel ihn da trifft, wo er sich gerade aufhält, erlebt er ihn als einen universalen Gott, der sich auf der ganzen Welt frei zu bewegen vermag und sie so insgesamt als sein Eigentum und seinen Wirkkreis deklariert.

## 5.8. Priesterschrift

Während der Perserzeit nach dem Exil geht eine weitere redaktionelle Überarbeitung in die Torá ein, die so genannte Priesterschrift.[100]

### Gen 1,1 – 2,4a

*1 Im Anfang schuf Gott den Himmel und die Erde.*
*2 Die Erde aber war unsichtbar und nicht ins Werk gesetzt und Finsternis lag über der abgründigen Flut und der Geist Gottes flatterte über dem Wasser.*
*3 Und es sprach Gott: Es werde Licht und es wurde Licht.*
*4 Und Gott sah, dass das Licht gut war. Und Gott trennte aus der Mitte heraus das Licht und die Dunkelheit.*
*5 Und es rief Gott das Licht Tag und er rief die Dunkelheit Nacht. Und es wurde Abend und es wurde Morgen. Erster Tag.*
*[…]*
*14 Und Gott sprach: Es sollen Leuchten am Firmament des Himmels werden, die der Erde leuchten, um zu scheiden; in der Mitte des Tagen und in der Mitte der Nacht. […].*
*15b Und so geschah es.*
*16 Und Gott schuf die zwei großen Leuchten; die große Leuchte, um den Tag zu beherrschen und die kleine Leuchte, um die Nacht zu beherrschen und auch die Sterne.*

*17 Und Gott setzte die Leuchten an das Gewölbe des Himmels, damit sie leuchten*
*18 über die Erde und Tag und Nacht [beherrschen] und Gott sah es als gut an.*
*19 Es wurde Abend und es wurde Morgen. Vierter Tag.*
*[…]*
*26 Und es sprach Gott: Wir wollen Menschen machen, nach unserem Abbild, uns gleich […]*
*27 Und es schuf Gott den Menschen nach Gottes Abbild. Er schuf ihn männlich, und weiblich schuf er sie.*
*28 Und Gott segnete sie sagend: Vermehrt euch! Füllt und erfüllt die Erde und gebietet über sie und herrscht über die Fische des Meeres und über die Vögel des Himmels und über alle Tiere und über alle Erde und alles, was kreucht und fleucht über die Erde.*
*[…]*
*31 Und Gott sah alles an, was er gemacht hatte und siehe: sehr gut! Es wurde Abend und es wurde Morgen. Sechster Tag.*
*2,1 Und vollendet wurden Himmel und Erde und seine ganze Ordnung.*
*2 Und Gott vollendete sein Werk am siebten Tag, das er geschaffen hatte und er brachte zur Ruhe am siebten Tag all seine Werke, die er gemacht hatte.*
*3 Und Gott segnete den siebten Tag und heiligte ihn […].*

Wohl kein biblischer Text hatte bisher die Einzigartigkeit Gottes und den damit verbundenen Monotheismus treffender formuliert, wie der priesterliche Schöpfungsbericht. Der Text ist keine vollkommene Neuschöpfung. Er nimmt sich Mythen aus Ägypten und Babylonien zum Vorbild. So schafft beispielsweise auch der ägyptische Gott Ptaḥ aus Memphis die Welt durch sein schöpferisches Wort. Anders als dieser aber erschafft JHWH keine anderen Götter, weil es außer ihm keine anderen gibt. Diese konsequente Linie wird im Text sichtbar, wenn er die Erschaffung von Sonne und Mond umständlich mit „Leuchten“ umschreibt. Hätte der Autor die hebräischen Begriffe *Šemeš* (Sonne) und *Yaret* (Mond) verwendet, hätte er gleichzeitig Götternamen genannt – JHWH hätte dann

also den Sonnengott und die Mondgöttin erschaffen. Die Priesterschrift aber entmythologisiert die Schöpfung radikal – eine Grundbedingung für unsere moderne Naturwissenschaft. Der Mensch hatte seit jeher Angst vor Naturgewalten wie Sturm, hinter denen er die Macht von Göttern oder Natur-Dämonen vermutete. So gesehen ist Gen 1 eine *befreiende* Botschaft: Alle Phänomene in der Natur sind Geschöpfe von einem Gott der Liebe.[101]
Weiterhin können wir im Vergleich mit dem Schöpfungsmythos des Ptaḥ feststellen, dass der Ruhetag Gottes nicht als Ausruhe von Tun der Schöpfung verstanden werden darf. Im Mythos von Memphis ist der Ruhetag an die Erschaffung des Menschen mitten im Schöpfungsakt gebunden, weil Gott an diesem Tag mit dem Menschen in Beziehung tritt. Der hier grundgelegte Sabbat betont eine Stellung des Menschen, die in der Priesterschrift zu einer Höhe geführt wird, wie es bislang und außerhalb Israels auch später niemand zu formulieren gewagt hätte: Der Mensch ist Gottes Ebenbild. Nach der antiken Vorstellung ist folglich in jedem Menschen Gott persönlich anwesend, hat jeder Mensch teil an Gottes Würde und Unverfügbarkeit – hier werden Menschenwürde und Menschenrechte grundgelegt! Der Mensch wird von Gott dem Schöpfer auf gleiche Augenhöhe erhoben. Mit dem Untergang des Königtums fällt der König als Träger des Heils und Mittler zwischen Gott und Menschen aus. Die Priester begreifen nun das ganze Volk als Träger des Heils. Folglich steht *jeder* Israelit unmittelbar vor Gott.[102] Jeder Mensch ist nun König, ist Kind Gottes. Diese einzigartige Stellung wurde in der gesamten bisherigen Menschheitsgeschichte allein dem Gottkönig zuerkannt; alle anderen Menschen galten als Diener, Sklaven und Sühner für die Launen der Götter.[103]

Dieses Sein-dürfen auf Augenhöhe zeigt sich auch in Ex 20: Die Priesterschrift übernimmt die Zehn Gebote aus dem Konzept des Deuteronomiums. Dort wird das Gesetz dem Volk von Gott zur Befolgung vorgelegt. Ex 20ff aber ist ganz wie ein Vertrag gestaltet, mit Elementen, wie sie auch heute noch Bestandteil eines jeden Übereinkommens sind. Der Bund Gottes mit Israel erscheint fast wie ein Bündnis zweier gleichrangiger Partner. Das erklärt übrigens auch die *zwei* Tafeln, die Mose vom Berg herab trägt: eine für Israel und eine für Gott.. Auf beiden Tafeln steht exakt der gleiche Text, nämlich der komplette Bundesvertrag Ex 20,1 – 23,33. Die Israeliten nehmen beide Tafeln in der Bundeslade mit, weil Gott am Berg Sinai nicht zurückbleibt, sondern sein Volk überall hin begleitet.

Auch die Prophetie wird durch die Priesterschrift „demokratisiert". Gott gibt nämlich *allen* seinen Geist und schreibt dem Menschen seine Torá ins Herz.[104]

In der schweren Identitätskrise des Exils und der Rückkehr, der Zeit der Exilspropheten und der Priesterschrift, begreifen die Gelehrten des Volkes, dass sie der Institutionen, die traditionell ihr religiöses Leben bestimmten und die sie nun verloren hatten, überhaupt nicht bedurften: weder eines davidischen Königs als Mittler zwischen Gott und dem Volk, noch der von Gott auserwählten und beschützten Stadt Jerusalem, und auch nicht des Tempels als Wohnung Gottes, als Ort der Vergebung und Reinigung. Stattdessen erkennen sie die unmittelbare Beziehung, die Gott zu allen Menschen sucht, und die sich nun durch die Torá manifestiert. Sie begreifen Gott überall auf der Welt gegenwärtig – manch einer sieht nun in der Heimatlosigkeit Israels gar eine Aufgabe, keine Strafe.[105] Der heilige Ort des Tempels mit seinem Opferdienst wird durch eine

heilige Zeit, den Sabbat, mit einer Liturgie ohne Opferkult ersetzt – *„eine religiöse Revolution in der Antike“*.[106] Später, nach dem Jüdischen Krieg, werden die Rabbiner gar die Vorschriften des Tempeldienstes auf die Familie und das Haus übertragen.[107]
Nun also begreifen die Autoren der Priesterschrift Gott erstmals konsequent als den Einen, Einzigen, den Schöpfer des Universums, den Ganz Anderen, der aber seine Menschen liebt und persönliche Beziehung zu ihm sucht.

## 5.9. Weisheitsliteratur

Auch während der Zeit der persischen und griechischen Fremdherrschaft reflektierten die Israeliten weiter über ihr Verhältnis zu Gott. Es entstanden die „Schriften“, neben Torá und Propheten die dritte Säule der Bibel. Zu dieser Gruppe gehören neben der Weisheitsliteratur (*Ijob*, *Jesus Sirach*, *Sprüche* und *Weisheit*[108]) auch das Danielsbuch und die Psalmen.

**Ps 14**

*1 Für die Feier. Ein Psalm Davids.*
*Es spricht der Unverständige in seinem Verstand (=Herz): „Es gibt Gott nicht“. Er richtet zugrunde und schnöde in der Lebensweise;/ nicht ist Rechtschaffenheit des Tuns bei einem Einzigen.*
*2 Der Herr schaut aus dem Himmel herab auf die Söhne der Menschen, zu sehen, ob noch welche zusammen sind, um Gott zu suchen.*
*3 Alle, die sich herausneigen zusammen, werden in Vergessenheit geraten, /*
*nicht ist Rechtschaffenheit des Tuns bei einem Einzigen. […]*[109]
*4 Sind nicht Wissende all die, die Gesetzlosigkeit üben? /*
*Sie verschlingen mein Volk, / sie essen das Brot des Herrn, / doch sie rufen (ihn) nicht an.*
*5 In jedem Fall fürchten Sie die Furcht, / die, die nicht sind in Furcht,*
*weil der Herr ist im Geschlecht der Gerechtigkeit.*
*6 Den Ratschluss des Armen wollt ihr vereiteln, /*
*weil der Herr Hoffnung ist.*

*[7] Wer bringt vom Zion Rettung für Israel? /*
*dann wird Jakob jubeln und Israel wird sich freuen.*

Der Text zeigt deutlich, dass er jünger ist, als er vorgibt. Denn in der Zeit Davids, um die letzte Jahrtausendwende vor Christus, dürfte diese außerordentlich moderne Ansicht „Es gibt Gott nicht“ noch nicht von so einer Bedeutung gewesen sein, dass man ihr einen ganzen Psalm widmete. Das ganze gedankliche Umfeld passt deutlich besser in die Zeit der Weisheitsliteratur. Natürlich dürfen wir die Aussage nicht in der säkular-atheistischen Weise verstehen, wie im Europa des anbrechenden 21. Jahrhunderts. Es wird nicht so sehr die Existenz Gottes insgesamt in Frage gestellt, als vielmehr die Autorität und Existenz von Israels Gott JHWH – wenngleich der Text des Psalms auch für unsere Zeit Gültigkeit behält.

Wie schon zuvor unterliegen die bekannten Handlungsträger der Bibel auch jetzt angesichts der veränderten Situation des Volkes, deren Geschichte sie widerspiegeln sollen, einer Umdeutung. Oder sagen wir es so: jetzt wurde die wahre Bedeutung des Abraham, Mose oder der Könige in ihrer Gottesbeziehung klarer erkannt und entsprechend gedeutet. Ein schönes Beispiel, wie sich biblische Figuren verändern, ist König David.[110] Ist er ursprünglich ein alter, unfähiger, zuletzt scheiternder Häuptling, so wird er ab dem 9. Jahrhundert zum jugendlichen Helden, Philister-Bezwinger und poetischen Liebhaber Jonathans (2 Sam 1,17-27). Wohl inspiriert vom assyrischen Vorbild hat der assyrische Vasall Juda auch für seinen „Nationalhelden“ David die Vorstellung von der göttlichen Erwählung seines Königs (2 Sam 7) übernommen. Als von Saul Verfolgter tritt er in der Zeit des Untergangs und Exils auf. Während der griechischen Herrschaft gewinnt David abermals neue Züge: Er wird zum Propheten, indem er zum inspirierten Verfasser Heiliger Schrift avanciert (2 Sam 1,17-27; 3,33-34; 7,18-29; 22,1 – 23,7). Als Prophet brauchte er sein eigenes Buch. Für den poetischen Sänger bot sich der Psalter an.

Personen wie David haben den unterschiedlichen Sichtweisen durch die Jahrhunderte verschiedene Anknüpfungspunkte geboten. Der historische David, der in der Bibel als solcher kaum fassbar ist, muss aber Eigenschaften besessen haben, die eine entsprechende spätere Deutung zuließen. Er, wie auch Ijob, oder einige der Kleinen Propheten halfen durch ihre Erfahrungen mit dem Einen Gott, dessen Beziehung zu den von ihm Gerufenen tiefer zu erschließen. Durch die skizzierten Jahrhunderte vertieften die biblischen Autoren immer mehr, dass dieser Gott, der sie permanent ansprach, keiner der kanaanäischen Naturgottheiten war, auch keiner aus dem ägyptischen oder mesopotamischen Götterhimmel, sondern ein Ganz Anderer, Einziger. Folglich zogen sie auch den Kreis der von diesem Gott Gerufenen immer weiter – betraf er zunächst nur die eigene Sippe oder das eigene Reichsvolk, so bekamen sie nun allmählich eine Vorstellung davon, dass die ganze Menschheit dazugehörte. Entsprechend erfassten sie auch zunehmend die Unmittelbarkeit, in der Gott an jeden Menschen herantritt.

## 5.10. Jesus Christus

Bevor wir auf das Gottesbild eingehen wollen, das die neutestamentlichen Autoren vermitteln, soll der Versuch unternommen werden, das ganz eigene Gottesbild zu ermitteln, das Jesus verkündete. Wir wollen dabei nicht in die Fußangel tappen, und Jesu Gottesvorstellung als die eines historischen Menschen behandeln.[111] Nach unserer christlichen Glaubensüberzeugung ist Jesus als Gottessohn selbst Gott, *damit der Mensch am Leben Gottes teilhabe.*[112] Das tut er selbst auch kund, indem er mit hoher Wahrscheinlichkeit den Titel *Sohn* selbst verwendet und wohl ebenso die hoheitliche Selbstaussage *„Ich bin es"*. Leitet sich Ersteres aus der für das zeitgenössische Judentum so unerhörten Gottesanrede *Vater* ab, so ist zweites (*ego eimi*) gleichbedeutend mit dem Gottesnamen JHWH zu werten.[113]

Damit erreicht die Offenbarung Gottes nun eine völlig neue Dimension: nun teilt er sich den Menschen nicht allein in schicksalhaften Taten oder durch andere Menschen mit; er selbst wird Mensch und offenbart sich als Mensch. So gesehen ist das Gottesbild, das Jesus vermittelt gewissermaßen eine Selbstsicht aus erster Hand, die an Unmittelbarkeit nicht mehr zu überbieten ist.

Die Bezugnahme von Jesu Gleichnissen auf Szenen des alltäglichen Lebens wie die Aussaat, das Suchen nach verlorenen Geldstücken, die Rechtfertigung von Verwaltern vor ihren Herrn oder Hochzeitsrituale lassen darauf schließen, dass Jesus diese Geschichten ursprünglich in konkreten Situationen erzählte – und das wohl schon im Kindes- und Jugendalter. Für das Menschgewordene Wort Gottes ist es auch nicht einsichtig, weshalb Jesus circa dreißig Jahre im Verborgenen leben sollte, um dann mit einem Schlag an die Öffentlichkeit zu treten. Er musste in dieser langen Zeit sein Wirken weder „erlernen", noch musste es erst allmählich in ihm „reifen". Die apokryphehen Kindheitsevangelien, die nicht in der Bibel stehen, drücken diese „sofortige Verfügbarkeit" des ganzen Evangeliums

seit der Geburt aus, indem bereits das Neugeborene normal reden kann.[115] Es ist unter dieser Bedingung davon auszugehen, dass Jesu Verkündigung und Unterweisung tatsächlich einen wesentlich längeren Zeitraum umfasste, als es das „Konzentrat" der Evangelien mit 2 bis 3 Jahren vermuten lässt. Umsichtig und allmählich, wie es Gottes Vorgehen schon während des ganzen Alten Testaments war, erschloss Jesus wohl vielmehr schon als Kind und Jugendlicher – wenn auch nicht im Tempel von Jerusalem – seinen Mitmenschen und später seinen Jüngern während des alltäglichen Lebens das Evangelium.
In diesem Zusammenhang müssen wir annehmen, dass Jesus auch nicht von einer akuten Endzeiterwartung getrieben wurde, wie man heute weithin behauptet[114] – auch wenn er betont, nur Gott allein kenne den Zeitpunkt des Endes, nicht einmal der Sohn – so könnte diese Naherwartung doch mehr die Situation innerhalb der zeitgenössischen Gemeinden der Evangelien widerspiegeln. Es ist einmal mehr daran zu erinnern: die Bibel ist kein wissenschaftliches Geschichtsbuch, sondern geschriebene Theologie, sie will keine exakten historischen Sachverhalte schildern, sondern die akuten (aber dennoch zeitlos menschlichen) Probleme der Schreiber im liturgischen Vollzug des Gottesdienstes der Gemeinde aufarbeiten.

## Mk 14,36

*36 … und er sprach (aufgewühlt): Abba, Vater, alles ist dir möglich. Nimm diesen Becher von mir! Aber nicht das, was ich will, sondern das du (willst) [soll geschehen].*

Wir wählen diesen Vers aus, da er auch im Griechischen und in der Einheitsübersetzung jene Anrede erhalten hat, die für Jesus typisch gewesen sein dürfte. Er nannte Gott nicht nur

„*Vater*", was für das zeitgenössische Judentum schon unerhört genug war – sondern „*Väterchen*" oder „*Papi*"[116], eine Anrede also, die so eigentlich nur vom leiblichen Kind zum leiblichen Vater gebräuchlich ist. Jesus verwendete diese Anrede nicht allein als Person Gottes innerhalb der Trinität, sondern er gebraucht sie auch als Mensch Jesus und gibt sie seinen Jüngern weiter. Eine solche Nähe des Einen Gottes zu seinen Geschöpfen ist bis dahin nie erreicht worden: Wir Christen dürfen uns als Kinder Gottes empfinden und mit ihm verkehren, wie mit einem leiblichen Elternteil. Das schließt alle Sorgen und Nöte, alle Liebe und Verbundenheit mit ein. Wir sind ganz in das Leben Gottes, des Ganz Anderen, in seine zeitlose Ewigkeit hereingenommen.

## 5.11. Paulus

Wie geht Paulus, der ja nicht aus dem unmittelbaren Jüngerkreis Jesu stammte – Jesus vermutlich nie gesehen hatte – mit Jesus um? Wie interpretiert er ihn? Welche Erkenntnisse hat Gott ihm vermittelt? In der Dokumentation *Der andere Jesus*[118] wird versucht, den historischen Jesus, wie ihn die Jerusalemer Gemeinde möglicherweise sah, von dem Jesus abzuheben, wie ihn Paulus und seine Schüler interpretierten. Sie hegten demnach zunächst kein Interesse am historischen Jesus, sondern fokussierten seine Bedeutung alleine auf sein Erlösungswerk vom Abendmahl über sein Leiden und Sterben bis zur Auferstehung. An unterschiedlichen Stellen in der Passionsgeschichte wurde die Konfrontation mit dem römischen Staat heruntergespielt, indem der eigentlich als brutal bekannte Pontius Pilatus von jeder Schuld an der Kreuzigung freigesprochen wird. Die Dokumentation führt das auf zu fürchtende Repressalien im Jüdischen Krieg zurück. Im Gegensatz zum Film aber wird der Unterschied nicht allzu groß gewesen sein. Paulus ist (in allerbester biblischer Tradition!) vor allem an der *Heils*geschichte interessiert, nicht an der Historie. Das wird aber genauso für Jakobus und die Jerusalemer Gemeinde gegolten haben. Das „Evangelium nach Jakobus" würde vielleicht mehr historische Details aufweisen und eine andere (längere) biographische Reihung der Ereignisse bieten; seine heilsgeschichtliche Botschaft wird wahrscheinlich in ihrer Schärfe hinter der des Paulus zurückgeblieben sein, weshalb sich Paulus mit seiner Verkündigung durchgesetzt hat. Allerdings ist auch festzustellen, dass das Jakobitische Judenchristentum nach dem Jüdischen Krieg unterging, während nur das paulinische Heidenchristentum überlebte. So müssen wir hier natürlich einmal mehr die frage Benedikts XVI. berücksichtigen: „*Wo sollte eigentlich der nachösterliche Glaube hergekommen sein, wenn der Jesus vor Ostern keine Grundlage dazu bot?*"[117]

Wie sieht nun Paulus' Gottesbild aus?

**Röm 3,21-31**

21 *Jetzt aber ist, abgesondert vom Gesetz, die Gerechtigkeit Gottes sichtbar geworden, bezeugt von Gesetz (=Torá) und den Propheten:*
22 *Die Gerechtigkeit Gottes aber [kam] durch den Glauben Jesu Christi zu allen Glaubenden. Denn es ist kein Unterschied:*
23 *Alle sind abgeirrt (haben gesündigt) und abhanden gekommen ist ihnen die Ehre (als Abbild) Gottes.*
24 *Sie werden gerecht ohne Grund (Verdienst) durch seine Gefälligkeit, durch seine Erlösung in Christus Jesus.*
25 *Ihn hat Gott hingestellt als Sühneopfer durch den Glauben in seinem Blut,*
26 *um sehen zu lassen seine Gerechtigkeit durch die Vergebung der bereits begangenen Abirrungen (Sünden) in [der Zeit] seiner Geduld, um sehen zu lassen seine Gerechtigkeit zum gegenwärtigen Zeitpunkt, um gerecht zu sein und er rechtfertigt den aus dem Glauben Jesu.*
27 *Wo ist demnach [unser] Ruhm? Er ist ausgeschlossen! Durch welches Gesetz?*

*Durch [das der] Werke? Nein – durch das Gesetz des Glaubens.*
*28 Wir rechnen fest damit, dass der Mensch gerechtfertigt wird durch Glaube, abgesondert vom Gesetz der Werke.*
*29 Ist Gott nur [jener] der Juden, nicht auch der Völker (Heiden)? Ja, auch der Völker.*
*30 Ist doch Gott der Eine, der rechtfertigt die Beschnittenen aus dem Glauben und die Unbeschnittenen durch den Glauben.*
*31 Heben wir demnach das Gesetz durch den Glauben auf? Das sei ferne! Sondern wir richten das Gesetz auf.*

Paulus, der fromme, überaus eifrige Pharisäer, ringt wohl zeitlebens mit der Frage, wie der Fromme vor Gott Rechtfertigung erfährt. Das war möglicherweise schon das Thema, das vor Damaskus zu seiner Umkehr führte: dass die Befolgung der Torá zur Kreuzigung des Messias führen musste. Jede Religion führt von da an ins Versagen, wo sie im Menschen die Illusion weckt, er könne sich Gott gegenüber einen Verdienst, ein Anrecht aufbauen, sei es im Judentum durch die fromme und genaue Beachtung der Tora oder sei es bei den Griechen im Bemühen um Weisheit. Die Frömmigkeit wird in beiden Fällen als Mittel eingesetzt, sich an das Göttliche heranzutasten, um es sich günstig zu stimmen;[119] es letztlich dem eigenen Wunsch und Willen zu unterwerfen.
Paulus begreift den Menschen (erstmals im Judentum und in der hellenistisch-römischen Welt) als ein *ICH vor Gott*, nicht nur Individuum, nicht nur Subjekt, sondern Person. Damit gelangt er zum Begriff einer offenen Gesellschaft, in der die Definition per Abgrenzung (in Juden und Heiden, Freie und Sklaven, Männer und Frauen) aufgehoben ist. Gott liebt alle Menschen. Vor ihm sind *alle* gleich an Würde und Wert. Und all diesen Menschen, die alle versucht sind, sich von Gott zu trennen, um sich selbst zum

Maßstab aller Dinge zu machen, diesen Menschen wird Vergebung und Rehabilitierung von Gott geschenkt, allein indem sie glauben, indem sie zu Gott JA sagen, mit ihm in bleibende Beziehung treten. Diese Gleichheit und diese Vergebung geben dem Christentum seine enorme Sprengkraft – bis heute.[120]

Es steht nun für Paulus außer Zweifel, dass Gott gerecht ist. Genauso hat er erkannt, dass jeder Mensch sündigt und sich selbst nicht durch seine guten Werke am eigenen Schopf aus dem Sumpf ziehen kann. Darum hat Gott durch Jesus die Erlösung *von sich aus* selbst ins Werk gesetzt. Und diese Erlösung gilt eben nicht nur den Juden oder einzelnen Gruppen aus dem Judentum, sondern sie gilt allen Menschen, weil alle vor Gott auf der gleichen Stufe stehen.

Indem Paulus dem jesuanischen Verhältnis Gottes zum Menschen bis in die letzte Konsequenz folgt, hat er aber die Torá, die seit den Deuteronomisten als Mittler zwischen Gott und jedem Menschen, der sie liest und befolgt, hinter sich gelassen. Jeder Mensch steht unmittelbar vor dem Einzigen und Ganz Anderen. Jesus, der betont, nur durch ihn komme man zu Gott, ist ja selbst auch Person Gottes und daher nicht Mittler im Sinne eines Schamanen. Um in der Beziehung mit Gott zu stehen, muss der Mensch keine Vorschriften befolgen, sondern nur Glauben – also sich ganz Gott anvertrauen. Benedikt XVI. drück das so aus: „*Mit seiner Auferstehung beginnt eine neue Weise, Gott zu verehren, nicht mehr auf diesem oder jenem Berg, sondern in ‚Geist und Wahrheit' (Joh 4,23)*"[121] Damit nimmt Paulus eigentlich schon voraus, was Augustinus vierhundert Jahre später für die christliche Grundhaltung radikal auf den Punkt bringt: „*Ama, et fac quod vis – Liebe und tu, was du willst.*"

## 5.12. Evangelien

Das Gottesbild der Evangelisten ist natürlich jenes, das Jesus verkündete. Als Christen erkennen wir in Jesus ja den Menschgewordenen Gott selbst. Mit ihm hat die Offenbarung also einen singulären Höhepunkt erreicht: Gott selbst bewegt sich unter den Menschen und stellt sich ihnen gewissermaßen persönlich vor. Von diesem Standpunkt aus ist alles Nachfolgende Reflexion der jesuanischen Verkündigung – das Offenbarte muss nun in seiner ganzen Tragweite erst erschlossen werden. Die große Unmittelbarkeit Gottes, der die Liebe ist und für uns wie unsere leiblichen Eltern sein will, knüpft sich nun auch und vor allem an die Frage, wer Jesus ist. Dieser Prozess, bei Paulus schon fassbar, setzt sich in den Evangelien fort. Wir wollen das an je zwei herausragenden Versen jedes Evangeliums deutlich machen: Dem je ersten Vers und der ersten direkten Rede Jesu. Damals, als die Evangelien entstanden, trugen die einzelnen Kapitel noch keine Überschriften, wie es in heutigen Bibelausgaben der Fall ist. Dem ersten Vers kommt entsprechend ein Überschriftcharakter für das ganze Werk zu. In diesem Zusammenhang wollen wir sehen, mit welchem Ereignis das entsprechende Evangelium jeweils beginnt, weil es uns eine Auskunft über das Bild von Jesus liefert, das der Evangelist vertrat. Ganz ähnlich verhält es sich mit den ersten Worten, die Jesus aus dem Werk heraus persönlich spricht. Auch dieser Rede kommt Programmcharakter zu. Wir beginnen mit dem ältesten Evangelium, mit Markus. Dann betrachten wir uns Matthäus und Lukas, die etwa zur gleichen Zeit entstanden. Zuletzt werden wir Johannes, das jüngste der Vier, betrachten.

## Mk 1,1.15

*[1] Anfang des Evangeliums Jesu Christi, dem Sohn Gottes.*

*[15] … und [Jesus] sagte: es ist vollendet der Zeitpunkt. Nahe gekommen ist die Herrschaft Gottes. Kehrt um und macht euch fest im Evangelium!*

Wir stoßen hier erstmals auf den Begriff „*Evangelium*". Er ist keine Neuschöpfung des Markus, sondern ein *Terminus technicus* seiner Zeit. Evangelien, frohe Botschaften, ergingen aus der Kanzlei des römischen Kaisers. Jedes Edikt, das vom göttlichen Kaiser, dem *divi filius* (Sohn Gottes) und *salvator* (Heiland) kam, galt seinen Untertanen als heilsbringende, frohe Botschaft, weil es ihren Frieden sichern und ihr (wirtschaftliches) Wohlergehen fördern sollte. Die eben genannten, uns so wohl vertrauten Titel benutzten Augustus und seine Nachfolger, um ihren göttlichen Status zu legitimieren.[122] Markus wendet sie in unerhörter Weise auf Jesus an, um deutlich zu machen, wer der wahre Herr der Welt ist; einer, der nicht nur propagandistisch das Heil für alle beschwört, sondern es tatsächlich ins Werk setzt.

Bei Markus stellt sich der eigentliche Herr und Sohn Gottes vor die Menschen in Galiläa, verkündet ihnen die Nähe des Gottesreiches und mahnt sie zur Umkehr. Das klingt nach Naherwartung des Jüngsten Gerichts, ist es aber nicht. Die erfüllte Zeit drückt aus, dass nun die Verheißungen des Alten Bundes eingelöst werden. Gottes Herrschaft über die Welt verwirklicht sich in der Person Jesu. Die Aufgabe der Menschen ist es, seinem Ruf zu folgen, sich zum rechten Leben in der Gemeinschaft mit Gott zu besinnen und eben in diese Beziehung einzutreten.

Der Kontext lässt Jesu Auftreten mit seiner Taufe am Jordan beginnen. Die vorausgehenden Sätze lassen aber schon klar werden, dass Jesus auch für Markus schon der Mensch gewordene Gott ist, der schon immer war und immer sein wird. So spielt der *Anfang* natürlich mit Absicht auf Gen 1 an.

**Mt 1,1; 3,15**

*[1] Buch des Lebens Jesu Christi, des Sohnes Davids, des Sohnes Abrahams.*

*[15] … es antwortete aber Jesus [Johannes dem Täufer] und sagte: Lass es jetzt zu. Denn nur so geziemt es sich für uns, alle Gerechtigkeit zu erfüllen. So ließ es [Johannes] zu.*

Matthäus beginnt sein als „Buch des Lebens Jesu" konzipiertes Werk mit einem Stammbaum, der von Jesus über David bis Abraham zurückreicht. Damit unterscheidet sich diese Ahnenreihe von der des Lukas, die bis auf Adam zurückführt. Weder dem Einen noch dem Anderen geht es um eine echte Genealogie. Sie wollen Jesus in den Gesamtzusammenhang der Heilsgeschichte stellen – oder besser umgekehrt: die Heilsgeschichte in einen Zusammenhang zu ihrem Zielpunkt Jesus stellen. Das sieht man schon in der Gliederung der Generationen in dreimal vierzehn. Vierzehn ist die Zahl, die sich aus den Zahlenwerten der hebräischen Buchstaben für David (D = 4, W = 6, D = 4) ergibt. Indem Jesus also den großen König David um das dreifache überragt, ist er der göttliche Nachkomme Davids, von dem die Weissagung des Propheten Nathan (2 Sam 7) spricht. Das weist uns den Weg, für wen Matthäus sein Werk verfasst hat. Der Stammvater Abraham bestätigt das: Die Adressaten des Evangeliums waren Judenchristen, für die die Abkunft Jesu von Vater Abraham

und König David vehement wichtig war. Damit ist er für sie als der rechtmäßige Messias ausgewiesen.
Jesu Auftrag in der Welt ist es, „zuzulassen", was nach Gottes Heilsplan geschehen soll. Die Verheißung des Alten Bundes soll nun durchgeführt werden, wie es von Anfang an geplant war. Nicht umsonst nimmt Matthäus häufig Bezug: „*Dies geschah, damit sich das Schriftwort erfüllte…*".[123]
An den Stammbaum schließt sich die Kindheitsgeschichte des Matthäus an. Jesus wird in der Stadt Davids (Bethlehem) geboren. Die drei Weisen sehen seinen (königlichen) Stern aufgehen und huldigen dem wahren König der Welt. Dann muss Jesus die Heilsgeschichte nachvollziehen. Er geht (wie Joseph) nach Ägypten – denn den Kindermord gab es so historisch nie; wohl aber ließ Herodes seine eigenen Kinder töten, weil er um seine Herrschaft fürchtete. Wie Mose kehrt er dann aus Ägypten zurück und beginnt sein Wirken mit dem Durchzug durch den Jordan (wie einst Josua kommt er „von der anderen Seite des Jordan" ins Gelobte Land) und führt dort, in Galiläa, die Erfüllung der Schrift fort.

**Lk 1,1; 2,49**

*1 Schon viele haben es unternommen, einen Bericht abzufassen über das, was sich erfüllt hat und was geschehen ist unter uns. …*

*49 Und er sagte zu [Maria und Josef]: Weshalb habt ihr mich vermisst (gesucht)? Wisst ihr nicht, dass ich in dem sein muss, was meines Vaters ist?*

Lukas leitet sein Werk ganz klassisch im Sinne einer Geschichtsschreibung ein. Damit wird sofort sein Adressatenkreis klar: nicht für Judenchristen, sondern für getaufte Griechen und Römer, die an der Geschichte Jesu interessiert sind, schreibt er sein Evangelium im Stil einer Kaiserbiografie. Jesus ist für seine Leser der wahre Kaiser und Heiland. Aber auch er spielt schon im ersten Vers auf die Erfüllung der alten Verheißungen an. Wir müssen davon ausgehen, dass diese Heidenchristen die Schriften der Septuaginta, des Alten Testaments in seiner griechischen Fassung, kannten und um diese Verheißungen, auf die sie ihren Glauben gründeten, wussten.

Neben dem Stammbaum berichtet Lukas ausführlich von Jesu wunderbarer Geburt im Stalle zu Bethlehem. Er schildert dies so, wie man sich im hellenistischen Bildungsbürgertum die Geburt eines göttlichen Erlösers vorstellte: in einer bukolischen Landschaft, in Kontraststellung zur römischen Hierarchie, von himmlischen (Theater)Chören begleitet, von Hirten verehrt.

Dann hören wir von ihm wieder, als er im Alter von zwölf Jahren mit seinen Eltern nach Jerusalem pilgert und ihnen dabei verloren geht. Im Tempel treffen Maria und Josef ihren Sprössling wieder. Der lukanische Jesus tut erstmals seinen Mund auf, als er als Zwölfjähriger im Tempel lehrt: Er macht seinen Eltern einen Vorwurf. Sie hätten ihn nicht überall suchen müssen (und mit ihnen die Leser des Evangeliums). Natürlich ist er da, wo der Name (das Wort!) Gottes wohnt, im Tempel in Jerusalem. Zu der Zeit, als Lukas schreibt, liegt das herodianische Gebäude längst in Schutt und Asche. Jerusalem aber ist für Lukas als Gegenpol zu Rom der wahre Dreh- und Angelpunkt der Heilsgeschichte. Wenn wir dazu die Emmausgeschichte am Ende des Evangeliums lesen und uns klar machen, dass diese Geschichte wie ein Gottesdienst aufgebaut ist, so erfahren wir etwas darüber, wie der Stellenwert Jerusalems bei Lukas tatsächlich ist. Aus Jerusalem kommen die beiden Jünger, klagend über Jesu Tod. Auf dem Weg nach Emmaus predigt ihnen Jesus über die Schrift, in Emmaus vollzieht er die Eucharistie; dann entlässt er sie und sie kehren nach Jerusalem zurück. Die Zionsstadt ist für sie nicht nur vom Ort des Leidens und Scheiterns zum Ort der Auferstehung und des Sieges geworden – Jerusalem ist der Alltag außerhalb der Liturgie. Im *Alltag* also vollzieht sich Jesu Heilswirken: *„Begreift ihr denn nicht?"*(Lk 24,25).

**Joh 1,1.38f**

1 *Im Anfang war das Wort,/*
*und das Wort war auf Gott hin, / und Gott war das Wort.*

38 *Jesus aber wandte sich um und wahrnehmend, dass ihm [zwei Jünger des Johannes]nachfolgten, sagte er zu ihnen: Was wollt ihr? Sie aber sagten zu ihm: Rabbi – das heißt übersetzt Meister/Lehrer – wo bist du in Ruhe?*

39 *Er sagte [zu] ihnen: Kommt und seht!*

Auch wenn es allen Evangelisten und ihren Lesern vermutlich klar war, wer Jesus wirklich ist, so scheint das der Johannesgemeinde nicht genügt zu haben. Vielleicht ging dieses Wissen zwischen den Zeilen auch schon bald verloren. Jesus wirkte in Galiläa ab seiner Taufe, er wurde göttlich geboren – doch auch vor seiner Geburt ist er schon. Jesus ist das Wort Gottes von Anbeginn. Er trat hervor, als Gott sprach: *„Es werde…"* (Gen 1,3). Um der umfangreichen Bedeutung des *Lógos* noch etwas weiter auf die Spur zu kommen, können wir auf den großen jüdischen Gelehrten und Zeitgenossen Jesu, Philo von Alexandria, blicken. *Lógos* ist auch bei ihm ein zentraler Begriff. Er umschreibt ihn als das Denken Gottes, die Wirkkraft Gottes als Werkzeug der Schöpfung und als Mittlerschaft zwischen Gott und Mensch.[124] Damit haben wir wesentliche Elemente, die auch dem johanneischen *Lógos*-Begriff innewohnen.

Der johanneische Jesus tritt zunächst nicht aktiv vor die Menschen und beginnt seine Verkündigung. Er wartet auf die, die ihn suchen. Wer in ihm erkennt, was er ist, nämlich der Meister, der ist eingeladen, mit ihm zu kommen, mit ihm in Beziehung zu treten (= ruhen!) und sein Heilswirken zu durch-schauen. Auch hier ereignet sich der Glaube im Alltag, in der ganz subtilen Welt, in der tiefsten Provinz unter den ganz einfachen Menschen, „wie du und ich".
Ausgehend vom alles revolutionierenden Osterereignis durchschauten die Christen plötzlich – angefangen schon bei den Aposteln und Paulus – was es mit dem Leben Jesu in Galiläa und seinem Leiden in Jerusalem wirklich auf sich hatte. Während einer intensiven Reflexion begriffen sie immer tiefer sein Geheimnis und sammelten, was sie über sein Wirken noch in Erfahrung bringen konnten. Bei alledem scheint durch, dass Gott uns Menschen liebt. Er nimmt uns so, wie wir sind. Gott will uns nicht überfordern. Darum ist er auch nicht glorreich auf dem Zion in Jerusalem oder gar auf dem Palatin in Rom in die Welt getreten, um das Heil per Edikt zu verordnen. Das hätte uns Menschen jede Freiheit genommen. Wir sähen uns vor die bittere Entscheidung gestellt, entweder Jesus zu folgen oder ins Verderben zu gehen. Gottes Liebe aber belässt uns durch sein umsichtiges, unscheinbares Vorgehen unsere Willensfreiheit – und er, der Allmächtige, der alles vermag, muss weiterhin darauf warten, dass wir aus freier Entscheidung JA zu ihm sagen.[125]

## 5.13. Die Spätschriften des NT

### 1 Joh 4,15-16

15 *Wer also bekennt, dass Jesus der Sohn Gottes ist, in dem kommt Gott zur Ruhe und er ist in Gott.*

*[16] Und wir haben sie erkannt und wir haben uns darin festgemacht: die Liebe, die Gott zu uns hat.
Gott ist die Liebe, und wer ruht in der Liebe, ruht in Gott und Gott ruht in ihm.*

Hier wird nochmals das Gottesbild, das Jesus uns verkündet hat und von dem alle neutestamentlichen Schriften reden, mit knappen Worten zusammengefasst: Gott ist die Liebe. Wer liebt – in Beziehung (ruhen) alles annimmt, wie es ist und Gott es will, der steht mit Gott in wechselseitiger Beziehung und macht alles richtig. Und der Autor nimmt auch schon den bereits zitierten Augustinus vorweg: Der Glaube ist einfach. Er ist nicht an Gebote und Gesetze gebunden, auch nicht an Bestimmungen, die einmal einem Propheten geoffenbart wurden; und natürlich erst recht nicht an magische Sprüche, die irgendwelche Mittler in Trance murmeln. Alleine wer die Wahrheit sucht und liebt, wer Gott, alle anderen Menschen und auch sich selbst so akzeptiert, wie sie sind, der handelt schon christlich und gottgefällig – selbst wenn er von der Bibel oder von Jesus nie etwas gehört hat.[126]

### Offb 4,9 – 5,10

*[9] Und wenn die Lebewesen Herrlichkeit, Ehre und Dank geben werden, dem Thronenden auf dem Throne, dem, der lebt in Ewigkeit,*
*[10] werden die vierundzwanzig Ältesten ihre goldenen Kränze niederlegen und sich vor dem Thronenden auf dem Throne niederwerfen und sprechen:*
*[11] Würdig bist du, unser Herr und Gott, / zu empfangen die Herrlichkeit, die Ehre und die Kraft, denn du hast alles erschaffen / und durch deinen Willen ist es geworden und wurde es erschaffen.*
*[5,1] Und ich sah auf der Rechten des Thronenden auf dem Throne ein(e) Buch(rolle), beschrieben außen und innen, versiegelt mit sieben Siegeln.*
*[2] Und ich sah, ein starker Engel rief mit großer Stimme: Wer ist würdig, das Buch zu öffnen und seine Siegel zu lösen?*
*[…]*

*[6] Und ich sah in der Mitte des Thrones und der vier Lebewesen und in der Mitte der Ältesten ein Lämmchen stehen, wie geschlachtet. Es hatte sieben Hörner und sieben Augen (Gesichter), das sind die sieben Geister Gottes, ausgesandt über alle Erde.*
*[7] Und es ist gekommen und hat genommen aus der Rechten des Thronenden auf dem Throne.*
*[8] Und als er das Buch genommen hatte, fielen die vier Lebewesen und die vierundzwanzig Ältesten nieder vor dem Lämmchen; ein jeder hatte eine Harfe und goldene Schalen voller Rächerwerk – das sind die Gebete der Heiligen.*
*[9] Und sie sangen ein neues Lied, indem sie sprachen:*
*Würdig ist, der da nimmt das Buch und seine Siegel brechen wird, denn du bist geschlachtet und hast Gott durch dein Blut aus allen Stämmen und Sprachen, aus dem Volk (Israel) und den Völkern (Heiden) (frei)gekauft*
*[10] und du hast sie unserem Gott zu Königen und Priestern gemacht, damit sie herrschen über die Erde.*

Nun ist dieser Gott kein Kuschelgott, der über alles Böse einfach hinwegsieht und alles Ungerechte mit einem heuchlerischen Mantel der Liebe zudeckt. Gott ist gerecht und er ist nicht gewillt, der Sünde das letzte Wort zu überlassen. Aus allem, was wir bei unserem Durchgang durch die biblische Offenbarung erkannt haben, zeigt sich auch ein Gott, der seine geliebten Geschöpfe nicht einfach im Regen stehen lässt. Gott vergisst nicht all das Unrecht. Darum wird am Ende auch ein umfassendes Gericht stattfinden, in dem die gestrauchelte Schöpfung wieder auf die Beine gestellt wird.
Der Gedanke ist keinesfalls neu. Schon die Erzählung von Adam und Eva trägt dieses Element in sich: Durch die Sünde, die dort als Erkennen und Urteilen nach gut und böse definiert wird (wodurch sich der Einzelne zum Maßstab aller Dinge macht), gerät die göttliche Ordnung des Menschen ('adam), der aus zwei gleichwertigen Seiten (Mann und Frau) besteht, aus dem Gleichgewicht. Der

Mann (jetzt mit dem Eigennamen „Adam“) gibt der Frau einen Namen (so wie er zuvor die Tiere benannt hat) und stellt sich damit herrschaftlich über sie. Sie erkennen, dass sie nackt sind, verletzlich, weil jetzt nicht mehr die Liebe zählt, sondern, wie man von anderen beurteilt wird. Sie machen sich Kleider aus Feigenblättern, die aber hart und rau wie Schmirgelpapier sind. Schon für die Kirchenväter waren diese Feigenblätter darum ein Büßergewand. Gott aber gibt ihnen Röcke aus Fell. Das sind keine Steinzeit-Kittel, wie sie Fred Feuerstein trägt, sondern Königsgewänder (Hermelin). Und Gott wirft den Menschen auch nicht aus dem Paradies hinaus, er sendet ihn in die Welt. Mit anderen Worten: schon in diesem Text wird deutlich, dass Gott seinen sündhaften Menschen in seiner Würde und Aufgabe als Gottes Stellvertreter auf Erden bestätigt und die „beschädigte“ Schöpfung richtet.
Im Gericht wird nun erwartet, dass der gesamten Schöpfung am Ende aller Zeiten unumkehrbar Gerechtigkeit und ihre Erfüllung nach Gottes Plan widerfährt. All die Katastrophen, die in der Apokalypse eindringlich geschildert werden, sind nicht darauf angelegt, die armen Menschen zu Tode zu quälen; so kommt das Szenario einseitig in modernen Filmen herüber und dort sind es dann Superhelden, die die Menschheit und die ganze Welt retten müssen. Die Apokalypse versteht die Katastrophen des Armageddon vielmehr als Mahnung und Ruf: Die Menschen sehen die Zeichen der Zeit, sie wissen, was es geschlagen hat. Nun sind alle Menschen gerufen, sich zu entscheiden. Und Gott erhofft von jedem Einzelnen, dass er umkehrt und in die Gemeinschaft mit ihm zurückkehrt. Dass er *alle* Menschen anspricht, beweist die Zahl der Geretteten: 144.000. Das ist kein heiliger Rest

von exakt dieser Anzahl von Individuen. In der biblischen Zahlensymbolik bildet sich diese Zahl aus 12 mal 12 mal 1.000. Zwölf ist die Zahl der Fülle, die Zahl der Stämme Israels und entsprechend die Zahl der Apostel Jesu. 144 meint also das ganze Gottesvolk und das tausendfach potenziert, also die gesamte Menschheit aller Zeiten. Der Gegenbeweis: 144 kann auch gebildet werden aus 72 mal 2. Nach antike-jüdischer Auffassung gab es weltweit 72 Völker. Darum sendet Jesus auch 72 (70) Jünger aus – zu allen Völkern der Erde. Das verdoppelt und tausendfach genommen meint das Gleiche.

Nur wer Gottes drängenden Ruf zurückweist, wer also die Zeichen der Zeit sieht und sich somit bewusst gegen Gott entscheidet, wird ins ewige Feuer geworfen und vernichtet; ein Motiv, das weniger Gottes Strafe als vielmehr den menschlichen Wunsch nach Bestrafung der Bösen widerspiegelt. Der Begriff des Gerichts beinhält das Wort „richten, heil machen". So ist der Ausblick der Apokalypse in Wahrheit ein sehr positiver. Auch hier können wir nach den ersten Worten direkter Rede Gottes suchen. Sie erfolgen fast ganz am Ende der Buches: *„Seht, ich mache alles neu."* Gott ist nicht gewillt, dem Bösen und Ungerechten das letzte Wort zu überlassen. In seiner Liebe wird er jedem von uns Gerechtigkeit zukommen lassen und alles neu machen. Ob das passiert, wenn die letzte Sonne verglüht ist oder schon übermorgen, oder ob dieses Schicksal jeden Menschen in seinem Tod ereilt, das weiß Gott alleine. Das *Wann* bleibt uns verborgen, das *Dass* aber ist uns zugesichert.

Der Text der Apokalypse orientiert sich stark an alttestamentlichen Vorlagen, dennoch aber bringt er neue „Erkenntnisse" in Hinblick auf die Offenbarung. Ganz in der

Tradition der jüdischen Apokalyptik erscheint Gott der Schöpfer, der immer war und immer sein wird,[127] als der Richter, der seine Schöpfung von Tod und Sünde befreit. Im Gefolge von Gen 1,28 wird der Mensch als Ebenbild Gottes verstanden, somit als König und Priester (Offb 1,6 u. ö.). Eine zentrale Rolle an Gottes Seite spielt Jesus Christus in der traditionellen richterlichen Rolle des Messias, wie sie erstmals in Dan 7 aufscheint. Während einem Großteil der Apokalypse tritt er als das *Lämmchen* auf, das *wie geschlachtet aussieht* (Offb 5,6): Der Messias und Richter ist schon vom Isaak-Opfer und Paschalamm her jener, der für die Sünde aller Menschen am Kreuz starb und die Sünden der Welt hinweg nimmt (Joh 1,29.36).[128] Er ist also kein kalter Racheengel, sondern der gerechte und liebende Hirte der Evangelien, der uns aus der Sklaverei der Sünde freikaufen will und dem wir alle uns getrost anvertrauen dürfen.

# 6. Vom wahren Menschenbild

Wir haben versucht, an einigen Beispielen zu rekonstruieren, wie sich Gott den biblischen Menschen mit Geduld und Nachsicht allmählich erschloss. Die Bewegung Gottes auf uns Menschen zu lässt sich an zwei Prozessen ablesen:

- die von Gott gerufenen Menschen reflektieren in ihrer jeweiligen Lebenssituation ihren überkommenen Glauben und erkennen das wahre Wesen Gottes dadurch immer deutlicher;
- die Menschen begreifen durch diese Reflexion Gottes und seiner Geschichte mit ihnen auch immer klarer, wozu sie als Menschen, als Geschöpfe Gottes, berufen sind.

So ist diese Offenbarung Gottes also neben einer Erschließung von Gottes Wesen uns gegenüber gleichzeitig auch eine Erziehung des Menschen zu seiner eigentlichen Bestimmung, zu seiner Natur und seinem Lebenssinn, hin zu einem menschenwürdigen Leben.[129]
Wir können also, vielleicht mit einer gewissen Überraschung, feststellen, dass der Weg zu Gott also letztlich immer auch zu uns selbst führt. Konsequenterweise steht nun die Frage vor uns: Wie sieht dieses wahre Menschsein aus?
Dazu gibt es viele interessante Untersuchungen. Wir nehmen mit Absicht den britischen Zoologen Desmond Morris heraus, der den Menschen mit den Methoden der Zoologie beobachtete.[130] Morris nennt den Menschen

provozierend (aber zoologisch durchaus zutreffend) einen *nackten Affen.* So menschenfeindlich und antireligiös, wie das auf den ersten Blick daherkommt, ist es gar nicht. Morris hat in seinem Buch *Das Tier Mensch* menschliche Eigenheiten herausgearbeitet, die uns verdeutlichen können, wie wir Menschen von Natur aus – oder sagen wir: wie Gott uns will – sind. Denn wir nackten Affen sind eine bemerkenswerte, durchaus liebenswerte und fürsorgliche Spezies, die allerdings auch Schattenseiten besitzt. Morris erkennt uns Menschen beispielsweise innerhalb unserer biologischen Familie der Primaten ein ausgeprägtes Sexualleben zu, das nicht an Brunft oder unmittelbare Zeugung gebunden ist. Er macht diese natürliche Entwicklung an einer starken, emotionalen Bindung der Partner fest, damit sie über Jahrzehnte zusammenbleiben, um gemeinsam ihre Kinder zu erziehen. Wenn die Evolution uns so formte, dann entspricht das schöpfungstheologisch dem Willen Gottes. Dieses Sexualverhalten ist also nicht unmoralisch, sondern natürlich und somit als Wille Gottes von der Kirche zu schützen – was sie ja auch tut. Aber dennoch eröffnet dieses Verhalten auch die Möglichkeit von Seitensprüngen, Untreue etc.

An diesem Beispiel lässt sich zeigen, dass wir Menschen nicht von Instinkten geleitet nach einem festen Programm funktionieren und zunächst weder gut oder böse sind. Das zeigt sehr eindringlich Jesu Gleichnis vom verlorenen Sohn. Es ist nicht einfach der jüngere Sohn, der seinen Erbteil verschleudert, der Böse und der ältere Bruder, der bei seinem Vater bleibt, der Gute. Am Ende des Gleichnisses wird der jüngere Bruder zum Vorbild, weil er seine Sünde bereut und zu Gott umkehrt, der ältere Sohn aber entpuppt sich als der eigentliche Sünder, weil er Gott seine vermeintlichen, „frommen Leistungen" vorrechnet und dafür Anerkennung erwartet.

Wenn wir über uns Menschen nachdenken, kommen wir zu dem Schluss, dass unsere Sündhaftigkeit mit unserer Willensfreiheit zusammenhängt. Die (anderen) Tiere sind ihren Trieben und Instinkten unterworfen. Während der Brunftzeit beispielsweise drängt sich bei ihnen die Sexualität in den Vordergrund und ihr ganzes Trachten ist darauf gerichtet, diesen Trieb zu befriedigen. Wir könnten es so formulieren: die (anderen) Tiere sind dem *entweder, oder* unterworfen: entweder der Hirsch deckt die Hirschkuh, weil sie brunftig ist und er sich gegen seine Konkurrenten durchgesetzt hat; oder er deckt sie nicht, weil keine Brunftzeit ist oder ihn ein Rivale abwehren konnte. Dieses Prinzip des *entweder, oder* ist in der Natur zutiefst verankert. Es geht bis in die Quantenphysik hinein. Diesem *Dekohärenz* genannten Prinzip verdanken wir, dass klassische Physik und die dauerhafte Existenz von Elementen und Stoffen überhaupt möglich ist.[131] Aufgrund unserer Willensfreiheit aber sind wir Menschen diesem *entweder, oder* nicht in dieser Weise unterworfen. Wir sind vielmehr in einen Raum des *sowohl, als auch* gestellt. Wir können, wie Morris bemerkt, sowohl liebende Eltern sein, als auch Seitensprünge machen oder gar vergewaltigen, was die Tierwelt so nicht kennt. Diese Freiheit vom Korsett der Instinkte, diese *Kohärenz*, erlaubt uns, uns selbst zum Maßstab aller Dinge zu machen, unsere Mitmenschen oder die Natur zu unterwerfen und für das eigene Gutdünken auszunutzen.

Nun stellt sich aber die Frage, wie weit wir in Wirklichkeit nicht doch auch unseren Trieben folgen und uns das mit der Willensfreiheit nur einbilden. Die bereits erwähnte

Dreiheit aus Arterhaltung, Selbsterhaltung und Selbstbehauptung[132] etwa ist übermächtig in unserer Lebensgestaltung. Die Willensfreiheit zeigt sich dann genau dort, wo wir uns über diese Triebe absichtlich und bewusst hinwegsetzen. Für unsere drei Beispiele bedeutet das: Enthaltsamkeit statt Sex, Fasten statt Essen oder Demut und Gehorsam statt Machtausübung. Unversehens landen wir bei gerade jenen Tugenden, die die Kirche so hoch hält und die heute allgemein als so unbeliebt gelten. Wir werden jedoch resümieren müssen: gerade darin zeigt sich menschliche Willensfreiheit. Darin erhebt sich der Mensch über alle (anderen) Tiere.

Überprüfen wir diesen Gedanken einmal an den sieben Todsünden – die so heißen, weil sie die Beziehung zu Gott und den Mitmenschen abtöten. Der Wollust, der sexuellen Begierde zur eigenen Lusterfüllung steht die Enthaltsamkeit gegenüber, dem Neid die Toleranz zu akzeptieren, dass andere etwas haben, was ich nicht besitze. Die Völlerei (Genuss) hat ihr Gegenstück im Fasten als bewusstem Verzicht,[133] der Geiz in der Gabe von Almosen als Ausdruck der Solidarität – wie die „Kirchensteuer" im Ursprung zu verstehen ist. Der Zorn findet sein Pendant in Milde, Güte und Nachsicht, die Hoffart (Stolz, Eitelkeit) in Demut und Gehorsam. Der Trägheit zuletzt steht die Wachsamkeit gegenüber.

In all diesen Beispielen geht es also nicht darum, etwa sexuell enthaltsam zu sein, weil man ohnehin gerade keinen Partner hat oder aufs Essen zu verzichten, weil man gerade satt ist oder abnehmen sollte, sondern um den willentlichen Verzicht obwohl Bedarf bestünde und der auch gestillt werden könnte – die Torte also stehen zu lassen, obwohl es die Lieblingstorte ist und man Hunger hätte.

Darin zeigt sich, dass christliche Moral eben gerade nichts für Schwache ist, wie Nietzsche es bemängelt hatte.[134] Sie ist vielmehr Ausdruck menschlicher Willensfreiheit und wahrer Menschenkultur, emanzipiert von den eigenen Trieben. Von daher versteht sich auch, weshalb die Kirche in unserer gegenwärtigen Gesellschaft einen schweren Stand hat: Solche Tugenden der Freiheit stehen einem System des totalen Konsums, der Bedürfniserweckung diametral im Weg.

Manfred Lütz weist darauf hin, dass uns Menschen prinzipiell zwei Denkweisen bestimmen: das kindliche Denken und das Erwachsenendenken.[135] Als Erwachsene richtet sich, kurz gesagt, unser Denken vor allem auf Zweckmäßigkeit. Ein Baum gewinnt in unseren Augen vor allem Bedeutung als Rohstoffquelle; sei es, weil wir sein Holz brauchen, sei es, dass wir seine Früchte ernten wollen oder er neuerdings als Mittel gegen die Klimaerwärmung von Interesse ist. Das kindliche Denken wird demgegenüber oft als minderwertig empfunden. Ein Kind nämlich würde den Baum als Gegenüber wahrnehmen, ihm eine Persönlichkeit zuordnen oder ihn als das sehen, was er ist: ein wunderbares, bemerkenswertes Geschöpf. Auch dieses Denken hat seine Berechtigung. Es hilft dem Kind, sich in der Umwelt, in die es hineingeboren wurde, einzufügen. Das ist es, was es uns Menschen erlaubte, faktisch alle Lebensräume der Erde zu erobern. Das Denken der Erwachsenen ist darauf gerichtet, sich die Umwelt zum eigenen Überleben nutzbar zu machen und entsprechend auf seine Weise gleichwertig.

Nur: Wir dürfen das eine nicht gegen das andere ausspielen. Der Glaube und das Vertrauen in Gott macht sich vor allem im „kindlichen" Denken Raum, das einem Erwachsenen durchaus nicht fremd ist – junge Eltern lernen es wieder, wenn sie Kinder haben. In Europa haben wir vor allem das Problem, dass unser „erwachsenes" Zweckdenken seit gut zweihundert Jahren einseitig gegenüber einem „ganzheitlichen" Denkansatz überbewertet wird. Hier dürfen und müssen wir eine Korrektur durchführen, weil es unserer Menschennatur zuwiderläuft – und wir dadurch unsere eigene Lebenswelt zerstören.

Das führt uns zu einem weiteren wichtigen Phänomen menschlicher Existenz, das heute in unserer Gesellschaft gerne bagatellisiert wird: Schuld und Erlösung. Heute neigen wir dazu, Schuld zu leugnen oder psychologisch zu therapieren. Das ist ganz in Ordnung, solange wir versuchen, wahrgenommene Schuld aufzuarbeiten. Wenn aber unsere eigene drückende Schuld verdrängt wird ohne denen zu helfen, bei denen wir in Schuld geraten sind, geht es um keine echte Schuldbewältigung mehr. Schuld lässt sich weder wegdiskutieren noch therapieren. Jeder Mensch erlebt sie im Umgang mit seiner Umwelt, weil (oder sofern) er erkennt, dass sein Verhalten andere verletzt, schädigt, benachteiligt – und das unumkehrbar, denn Lebenszeit kann nicht zurückgegeben oder wiederholt werden.[136] Dahinter verbirgt sich ein instinktives Wissen darum, dass jeder Mensch gleich ist und ihm die gleichen Rechte und Freiheiten zustehen, auch wenn man sie ihm vorenthält.
Die verschiedenartigen Versuche der Menschheit, mit Schuld und Schuldvergebung umzugehen, können wir in drei Arten unterscheiden:

- *pessimistisches Erlösungskonzept:* die Schuld kann nicht getilgt werden. Der Mensch ist ein Spielball des

Schicksals oder der Götter. Davon handelt beispielsweise die griechische Tragödie. Genau genommen ist dem auch der Atheismus unterworfen, sofern er sich nicht der folgenden Illusion hingibt;

- *illusorisches Erlösungskonzept:* Der Mensch glaubt, seine Schuld selbst abbauen zu können oder sich seine Erlösung selbst „machen" zu können. Dazu zählt der Atheismus, sofern er meint, Schuld auf psychologischem Wege beseitigen zu können, aber auch Hinduismus und Buddhismus. Dort muss der Mensch sein über millionenfache Wiedergeburten aufgehäuftes Karma mühevoll abtragen – es sei denn, der Buddhist findet den „Abkürzer" ins Nirwana, die Erleuchtung. Wir können auch zu einem gewissen Grade „fromme" Strömungen des Judentums, des Christentums und des Islam hier einreihen. Denn in diesen Fällen wird gemeint der Mensch könne sich nach Vorgabe der heiligen Gesetze durch eigenes Zutun seine Erlösung „erarbeiten";
- *optimistisches Erlösungskonzept:* Der Mensch kann sich selbst nicht erlösen, er sieht sich aber dem Angebot Gottes gegenüber, dass er unverdient von Gott selbst seine Schuld erlassen bekommt, „einfach" indem er ernsthaft in Beziehung zu Gott tritt. Das ist unter anderem der Ansatz des Christentums.

Wir wollen nun nicht so vermessen sein, dem Christentum den einzig wahren Umgang mit Schuld und Erlösung zuzurechnen. Alle genannten Religionen wissen um die Erlösung Gottes, weil alle Menschen mit dem Einen Gott in Berührung gekommen sind und seinen Ruf vernehmen. Es ist aber unsere Meinung, dass die Zusage der göttlichen Erlösung aufgrund des menschlichen Unvermögens, Schuld abtragen zu können im Christentum am konsequentesten erkannt worden ist.

Aufgrund der genannten Punkte lässt sich wahres Menschsein vielleicht so umschreiben: Wir Menschen sind in unseren Entscheidungen frei und keiner Bestimmung durch Instinkte unterworfen – wobei die Bedürfnisse der Triebe durch hormonelle Ausschüttungen im Gehirn durchaus unserem Handeln Vorgaben machen. Unser Ziel ist es, Sinn, Geborgenheit, Licht, Wärme, Glück, Anerkennung und Liebe zu finden.[137] Wir ragen in unserem Denken über die restliche Fauna hinaus, indem wir unseren eigenen Tod wahrnehmen und ein Gespür entwickelt haben für das Jenseitige. Wir sind eine sehr sozial ausgerichtete Spezies,[138] die ein Leben lang das Spielen nicht verlernt, die besondere Gabe des Humors besitzt, herzhaft lachen und (als einziges Mitglied der Menschenaffen-Familie!) bezaubernd lächeln kann und miteinander sehr liebevoll und fürsorglich umgeht,[139] wohl aber aufgrund der Freiheit auch in der Lage ist, sich selbst zum Maßstab des ganzen Lebens zu machen und so auch sehr grausam schuldhaft und sündhaft werden kann. Aufgrund unserer Triebe sind wir auch verführbar für die Ziele anderer. Diese Verletzung der Liebe nehmen wir wahr und streben nach Gerechtigkeit.
Vor Gott dürfen wir sein, wie wir sind. Aus dem Gesagten wird ersichtlich, dass das eine große Aufgabe ist: Leben im Glauben ist gegen eigenes, sündhaftes Verhalten gerichtet, beispielsweise gegen Stolz, Eitelkeit, Neid, Zorn, Geiz, (sexuelle) Wollust oder Trägheit. Es ist mit dem Eingeständnis der eigenen Armut und Ohnmacht (= Demut)[140]

verbunden. Es zeigt: das Wenige ist für Gott nicht zu gering – er sieht auf die Person in Liebe. Mit dem Glauben ist Gehorsam verbunden. Gehorsam kommt vom Hören. In biblischen Texten stehen hören und Ohr stets für das vorurteilslose Aufnehmen dessen, was ist. Gott wünscht sich, dass wir aus freien Stücken, indem wir seine Welt offen (und nicht vom eigenen Maßstab her) betrachten, zu ihm JA sagen.

Im Wissen darum ist der Mensch ein *homo religiosus*, ein religiöser Mensch, der in seiner Suche nach Sinn sich stets übersteigt (transzendiert) und bis zum Letzten, Absoluten strebt. Der Mensch ist also wahrer Menschen in Beziehung zu Gott, und durch Gott erhält er seine Würde. Seine Aufgabe ist es, seine Natur wahrzunehmen und in geordnete Bahnen zu lenken, damit er *human,* menschlich, lebt. Ohne Gott sind wir nackte Affen, die sich mit ihrem zu groß geratenen Gehirn ein Dasein einbilden, das es in der gnadenlosen, sinnlosen Welt gar nicht gibt. Man kann sich nur wünschen, dass wir Menschen eines Tages zu einer Entwicklungsstufe gelangen, wo wir nicht mehr voreinander Angst haben, nicht mehr aufeinander schießen und uns wieder als ein Teil der uns umgebenden Natur begreifen.

# 7. Das „Dritte Testament"

Die Offenbarung Gottes an uns Menschen ist mit Jesus Christus und der Bildung des neutestamentlichen Kanons natürlich nicht abgeschlossen. „*Der inspirierte Umgang mit der Schrift des Ersten und Zweiten Testaments hat bis heute kein Ende.*"[141] Die weisheitliche und prophetische Wirkung eines Bibelwortes hängt stets vom Kontext ab, in dem es erscheint. „*Es wirkt nicht wortmagisch aus sich selbst heraus, sondern entfaltet seine Kraft in Zwiesprache mit den Weltverhältnissen.*"[142] Dieses Verständnis von der Lebendigkeit des Gotteswortes, das in die jeweilige Zeit und Situation hinein prophetisch ausgelegt werden will, war schon während der Entstehung des Alten Testaments präsent. Das zeigt uns beispielsweise die Erzählung vom Wasser, das Mose in der Wüste aus dem Felsen schlägt (Num 20,1-13).[143] Mit Miriams Tod versiegt das Wasser für Israel, Sinnbild für Gottes Weisung aus Miriams Mund. Mose und Aaron sollen daraufhin mit dem Felsen reden, um das Volk mit Wasser zu versorgen. Mose greift stattdessen auf gewohnte Abläufe zurück und schlägt mit seinem Stab auf den Felsen (wie Ex 17,6). Daher rührt Gottes Zorn gegen Mose in Num 20,12.

Seit es Menschen gibt, teilt sich Gott ihnen mit. Einen ersten Schritt dieses Prozesses können wir in den Gräbern auf dem Berg Karmel festmachen; die darin gefundenen Grabbeigaben zeigen, dass diese Menschen vor etwa 100.000 Jahren bereits eine Vorstellung von einem Jenseits, in dem die Verstorbenen diese Dinge benötigen, und einem damit verbundenen göttlichen Wesen hatten.

Über die Schriften des Alten Testaments konnten wir den Wechsel vom Pantheon aus Naturgottheiten hin zum Einen Gott, dem Ganz Anderen verfolgen. Aber natürlich hat Gott auch anderswo gewirkt. So können wir wohl auch Echnatons Monotheismus und die Lehren des Konfuzius und Sokrates – Letzterer galt den Kirchenvätern gerade deshalb auch als Heiliger – in diesen Lernprozess einreihen. Nach unserer Überzeugung ist dieser Prozess mit Jesus Christus an einem bis zu seiner Wiederkunft nicht mehr erreichbaren Höhepunkt angekommen, weil Gott in ihm selbst Mensch wurde und den Menschen persönlich begegnete. Aber Gott hat sich dadurch natürlich nicht zur Ruhe gesetzt. Er wirkt weiter unter uns und will sich uns in seiner ganzen Eigenart auch weiterhin mitteilen. Wir Christen drücken das in der Wirksamkeit des Heiligen Geistes, der ja auch Gott ist, aus.

Schon im zweiten Jahrhundert hatte sich dieser Glaube mit Engführungen und Irrwegen auseinanderzusetzen. Seine Existenz war zunächst ernsthaft durch die Gnosis bedroht, da sich diese philosophisch-esoterische Bewegung leichtfüßig christlicher Kernaussagen bediente und sie in ihr hellenistisches System im Stil einer antiken „Plasikreligion“ integrierte. Gleichfalls eine schwere Herausforderung stellte Markion an den jungen Christenglauben, indem er die christliche Bibel „entjudaisieren“ wollte. Die Kirche hatte damals reagiert, indem sie vollständig zur Beibehaltung der alttestamentlichen Schriften in der christlichen Bibel stand, weil das Neue Testament ansonsten zur kraftlosen, leeren Hülse verkommen wäre, dessen Wirkmacht sie ja wesentlich durch die Verheißungen des AT erhält, die es aufnimmt und in Jesus Christus als erfüllt erkennt.[144]

Der große Kirchenlehrer Gregor von Nazianz hatte bereits im 4. Jahrhundert Gott als einen guten Erzieher verstanden. „*Er schafft langsam gewisse Bräuche ab, duldet andere und führt so den Menschen voran.*“[145]

Die weitere Reflexion des sich offenbarenden Gottes führte zur Bildung der Trinitätslehre. Schon in den Evangelien stoßen wir auf Gott, den Vater, den Sohn und den Heiligen Geist (Mt 28,19).[146] Diese Formel ergibt sich aus Jesu Offenbarung Gottes als *Vater* und seines eigenen Selbstverständnisses als *Sohn*, sowie der Verheißung bzw. Spendung des *Heiligen Geistes* nach der Auferstehung und Himmelfahrt. Dieser sehr lebhafte, konfliktreiche Prozess, fand seinen (vorläufigen) Abschluss auf den Konzilen in Nikäa (325), Konstantinopel (381), Ephesos (431) und Chalkedon (451). Die Konflikte haben vermutlich gar nicht so viel mit dem Gottesbild selbst zu tun. In der öffentlichen Debatte ging es nämlich auch viel um Politik. Das zeigt sich bereits am Glaubensbekenntnis von Nikäa. Gott Vater wird vor allem als Schöpfer benannt. Viel breiteren Raum nimmt die Stellung Jesu Christi als göttliche Person ein. Daran knüpfte der Hauptinitiator des Textes, Kaiser Konstantin, wohl ganz eigene, politische Ambitionen. Trat er doch auf als Stellvertreter Christi und den Aposteln gleich. Als Christ verzichtete er auf die traditionelle Göttlichkeit des Kaisers, wollte seine Stellung aber nur minimal darunter neu festschreiben.

Die Idee von Göttertriaden ist, wie wir schon gesehen haben, nicht neu. Schon im Alten Orient finden wir mehrfach dieses „Modell“. Dargestellt werden sie durch alle Kulturen als geflügelte Sonnenscheibe, als König und als Lebensbaum. Sie sind hierarchisch gegliedert. Die erste Gottheit ist der eigentliche Herrscher, Schöpfer der Welt und Schützer gegen das Chaos. Der zweite Gott führt Krieg gegen alles, was die göttliche Ordnung gefährdet. Die dritte Gottheit ist meistens weiblich und herrscht über die Fruchtbarkeit und die Wirtschaft.[147] Wir finden diese Triaden allerorts: El, Baal und Astarte in Kanaan, Re, Horus und Hator/Isis in Ägypten, Zeus, Ares und Aphrodite in Griechenland oder Juppiter (Jovis pater), Mars und Juno in Rom. Selbst bei den Germanen scheint dies durch: Wotan/Odin, Donar/Thor und Frigg bzw. Freya spielen die gleichen Rollen.

Nun wollen wir aber vehement davor warnen, im Vater, Sohn und Heiligen Geist drei Götter zu sehen, wie es uns der Koran ja vorwirft. Vielmehr diente das ägyptische Triadenmodell den alexandrinischen Kirchen- und Konzilsvätern Kyrill und Athanasios als Vorlage, um die biblischen Erfahrungen den Menschen anschaulich zu machen. Die Trinitätslehre spricht klar und unmissverständlich vom Einen und Einzigen Gott. Doch dieser Gott ist *in sich selbst* nicht einer und auch nicht zwei. Gott wird erkannt als *ein Gott in drei Personen.* Und die Zahl drei sagt aus, was der Begriff *Person* von seinem Ursprung her meint: Beziehung. Die Trinität drückt aus, was wir eigentlich schon lange wissen: Gott ist (in sich) Beziehung und Liebe.

Die Entwicklung des Glaubensbekenntnisses liest sich oft wie ein Krimi. Nicht nur, dass Themen wie die Naturen und Personen Christi damals auf den Straßen und in den Schenken leidenschaftlich und lautstark diskutiert wurden, wie heute die Spiele der Bundesliga, die Kontroversen dienten dann auch oft dazu, missbillige Persönlichkeiten öffentlich anzuprangern, wie etwa Nestorius, den Patriarchen von Konstantinopel. Auch das arianische Bekenntnis der frühen Germanenreiche war im Wesentlichen politisch motiviert. So gehörte man zwar der christlichen Zivilisation an, stand aber nicht unter der Oberherrschaft des römischen Kaisers. Als entsprechend Kaiser Maurikios Ende des 6. Jahrhunderts seine politischen Interessen mit denen des Westgotenreiches in Spanien abgesteckt hatte, war es für König Rekkared kein Problem mehr, zur katholisch-orthodoxen Konfession der Reichskirche zu wechseln.[148] Auch Luthers durchaus berechtigte Reformforderungen erhielten erst ihre geschichtliche Dynamik, als die deutschen Stände sie für ihre politischen Interessen gegenüber Kaiser Karls V. instrumentalisierten.

Während der ganzen Kirchengeschichte bis auf den heutigen Tag gab und gibt es ein beständiges Auf und Ab. Immer wieder sank man von der Höhe christlicher Glaubenserkenntnis in die Niederungen menschlicher Eitelkeit und Sünde und immer wieder traten Leute auf, die diesen Fehlentwicklungen durch mutige und zukunftsweisende Initiativen gegensteuerten.[149]

So bedeutete schon die konstantinsche Wende für die Kirche nicht bloß die Befreiung von der mörderischen Verfolgung, sondern auch eine existenzbedrohende Krise. Denn plötzlich war es schick und der eigenen Karriere förderlich, Christ zu sein. Wie das wohl immer so ist in der Menschheitsgeschichte, drängten sich nun jene nach vorn, denen es an sich nicht um die Sache ging, sondern allein um das eigene Fortkommen. Die Situation ist mit der Gegenwart durchaus vergleichbar: Der Glaube verkommt zum „Kulturgut", der regelmäßige Kirchgang ist von der eigenen Lebensgestaltung losgelöst – die feinen Römer und Griechen führten ihr Leben so formalistisch weiter, wie sie es aus ihrem vorchristlichen Leben gewohnt waren. Die Reaktion verantwortungsvoller Christen war die Entstehung des Mönchtums; in seinen Anfängen eine ausgesprochene Jugendbewegung.[150] Denn diese heiligen Frauen und Männer aus der Wüste erinnerten die Taufscheinchristen an die eigentlichen, christlichen Tugenden und wurden ihnen so zu Vorbildern.

Während des Hochmittelalters kam es angesichts des Scheiterns der Kreuzzüge[151] und gewisser Dekadenzerscheinungen in der lateinischen Hierarchie zum Auftreten der Bettelorden, die einmal mehr an die Tugenden der Armut, Einfachheit und Ehrlichkeit erinnerten – und an die Tugend der Bildung. Sowohl die Franziskaner als auch die Dominikaner pflegten die hohe Gelehrsamkeit. Bis in unsere Tage wiederholt sich das Spiel immer wieder: Auf die zunehmende Laxheit der Benediktinerklöster antworteten die Klosterreform von Cluny und Bernhard von Clairvaux mit seiner Zisterzienserregel; gegen den Missbrauch von Höllenqualen und eines Rächergottes für den schwungvollen Ablasshandel und gegen die Dekadenz des Renaissance-Papsttums gingen Luther, Zwingli und Calvin vor – dann aber auch fähige Katholiken wie Ignatius von Loyola, Karl Borromäus, Franz von Sales und Theresa von Avila. Im 18. Jahrhundert verflachte der Gottesglaube einmal mehr. Auch jetzt standen wiederum vor allem Ordensleute auf, um gegenzusteuern. Dazu gehören Alfons Maria von Liguori, der Gründer der Redemptoristen, Paul vom Kreuz oder die katholische Aufklärung. Im 19. Jahrhundert nahmen sich Leute wie Adolf Kolping, Michael Sailer oder Johannes Don Bosco der Verlierer der Industriellen Revolution an, da ja die Säkularisation die alten kirchlichen Sozialsysteme vernichtet hatte.

Wer für die Kirche unserer Zeit eintritt, die immer mehr durch säkulare, staatliche Einrichtungen aus ihren angestammten Wirkbereichen gedrängt wird, lässt sich heute nur vage vermuten. Manch zartes Pflänzchen, das heute wächst, mag erst in den nächsten Jahrhunderten zur vollen Entfaltung für Kirche und Glauben finden. Wir sollten aber die Bewegungen, die Johannes XXIII., Paul VI. und Johannes Paul II. zum Heiligsprechungsprozess führten, durchaus ernst nehmen. Ihr Eintreten für den Glauben an den Einen Gott, der sich uns vor allem in Jesus Christus mitgeteilt hat, wird sich erst noch erweisen – meiner Meinung nach gehören auch Benedikt XVI. und Franziskus in diese Reihe großer, richtungsweisender Christen.

Die eben erwähnte Aufklärung war in ihrer Grundabsicht kirchenfeindlich orientiert und prägt, auch im Gefolge ihrer späten Söhne Ludwig Feuerbach, Karl Marx und Sigmund Freud, unsere gegenwärtige Gesellschaft in immer noch wachsendem Maße. Sie hat das Heilige, Mystische auf Kosten des menschlichen Verstandes zurückgedrängt. Führt aber die Aufklärung an sich notwendigerweise vom Glauben weg? Zwar steht Europa heute in der Welt als der am meisten säkularisierte Kontinent da – selbst die USA, Europas Vorbild in so vielen Dingen, ist deutlich religiöser. Die Krise der Religion aber schreitet weltweit voran, wie die starke Gegenbewegung der Fundamentalisierung nicht nur der islamischen Welt zeigt. Und da stellt sich die Frage, ob das aufgeklärte Europa nicht für die Zukunft eine Vorreiterrolle einnehmen kann, was die *Bewahrung* des Glaubens betrifft.

Das mag paradox klingen. Doch die Ausblendung Gottes hatte zur Erforschung der menschlichen Vernunft durchaus seine Berechtigung. Der Folgefehler wurde erst später begangen. Denn wenn wir zur Erforschung der menschlichen Vernunft Gott und unsere Gottebenbildlichkeit beiseite lassen, muss das ja nicht automatisch bedeuten, dass es Gott deshalb nicht gibt.

Widerspricht denn der Glaube der Vernunft? Macht Gott den Menschen wirklich klein, wie Feuerbach, Marx und Freud meinten? Ist es nicht vielmehr so, dass der Mensch an Gott wächst? Was ist denn der Mensch, wenn ihm die durch Gen 1 grundgelegte Würde genommen wird? Was wird aus ihm, wenn ihm die Liebe abgesprochen und all sein Sehnen und Hoffen auf irgendwelche Instinkte, Triebe oder Prägungen abgeschoben wird? Diese und andere für den Menschen elementar wichtigen Fragen lassen sich im Rahmen dieses Buches nicht befriedigend erörtern. Wesentlich scheint mir aber die oben bereits formulierte Feststellung, dass eine Ausblendung Gottes unserer Gesellschaft nicht gut tut, weil sie an der Natur des Menschen vorbeigeht.

Zur Leistung der Aufklärung gehört nicht die Trennung von Staat und Kirche. Schon Gen 1 entmythologisiert die Welt und trennt bereits. Wir dürfen sagen, dass die zwei Jahrtausende Kirchengeschichte in Europa maßgeblich zum heutigen, säkularen Staat beigetragen haben. Das Christentum hat sich nie mit den Missständen seiner Zeit abgefunden, sondern stets danach gefragt, wie Gott die Welt wünscht und wie sie entsprechend verbessert werden kann. Und es hat zusammen mit dem Judentum dem Menschenbild eine Größe verliehen, wie es nie zuvor und danach formuliert worden ist: Der Mensch als Ebenbild Gottes – dieser Satz aus Gen 1 gehört wohl zum Revolutionärsten, was je in der Menschheitsgeschichte formuliert worden ist.[152]

Zu den Errungenschaften der Aufklärung gehören auch nicht Moral, Ethik und Werte. Wie wir an Immanuel Kant trefflich sehen können, sterilisierten die Aufklärer ihre hohe Moral ganz und gar aus dem Christentum heraus – etwas anderes wäre ihnen auch kaum möglich gewesen, standen die Aufklärer doch geistesgeschichtlich und kulturell mit beiden Beinen auf einem abendländisch-christlichen Fundament.[153]

Was aber ist nun die grundlegende Leistung der Aufklärung? Sie hat vor allem gezeigt, wozu die menschliche Vernunft imstande ist. Sie hat damit auch bewiesen, dass der Mensch in der Lage ist, kraft seiner Vernunft Gott erkennen zu können – in seiner Schöpfung, in seinem wiederholten Eingreifen in die Geschichte. Das sind natürlich nur für den Beweise, der ohnehin schon glaubt. Für den Ungläubigen aber wird es keine schlagenden Beweise geben, die ihm den Glauben aufzwingen, denn der Eine Gott, der Ganz Andere wird mit den Mitteln und Methoden der Naturwissenschaft nicht erfassbar sein. Was uns die Aufklärung aber gebracht hat, ist das Wissen, dass Gott sich jedem Menschen erschließen kann, ohne einen Mittler, ohne eine vermittelnde, heilige Schrift, direkt Kraft der Vernunft im eigenen Geiste. Was heute als „Privatisierung des Glaubens" wie ein Schreckgespenst durch die Kirchen irrlichtert, mag Ausdruck dafür sein, dass wir dank der Aufklärung wieder an die große Dichte und Nähe herangeführt werden, die uns Jesus mit seinem *Abba*-Begriff bereits vor Augen gestellt hat: Gott steht eigentlich jedem Menschen ganz persönlich gegenüber und will jedem ganz nahe sein.

## 8. Zusammenfassende Entwicklungslinien der „Pädagogik Gottes"

Welche grundsätzlichen Schlüsse lassen sich nun aus dem betrachteten Weg der Offenbarung Gottes ziehen? Als Paulus auf seinen Reisen den „Neuen Weg" verkündete, sprach er auch ganz einfache Menschen an, Bürger, Sklaven oder jene aus dem galatischen Hinterland. In unserer Psyche sind wir über die letzten 2000 Jahre exakt die gleichen Menschen geblieben.[154] Unsere Probleme mögen in anderen Kontexten stehen – trotzdem müssen die einfachen Botschaften der Bibel wie den Hörern des Paulus auch uns etwas Elementares zu sagen haben. Was ist also auch für uns das Attraktive an diesem Glauben?

Es geht um die Teilhabe am unvergänglichen, liebenden Gott, um das Leben in einem von Liebe getragenen sozialen Netz, um würdevolles, wahres, natürliches, gottgewolltes Menschsein. Diese Gemeinschaft der Glaubenden, die Kirche, hebt uns Menschen ein Stück über die Vergänglichkeit der Welt hinaus und führt uns zum Sinngrund unseres Daseins. Die darin begründete Liebe Gottes lässt sich so in menschliche Worte fassen: *„Ich liebe dich, du Welt und du Mensch. Ich liebe dich, obschon du Sünder bist, ich liebe dich nicht wegen deiner Leistungen, sondern weil du* du *bist, denn ich habe dich gewollt. Ich vergebe dir deine Schuld. Ich lasse dich nie im Stich. Ich bin immer bei dir."*[155] Diese Liebe gibt ein wirklich festes Lebensfundament. Dieses Evangelium ist absolut verlässlich – und das ist lebensnotwendig! Der Glaube ist schön, denn er lässt uns Gott sehen; und das bedeutet *„selig sein"*.[156]

Was nun die „Erziehung“ des Menschen durch den sich zeigenden Gott betrifft, so lässt sie sich folgendermaßen zusammenfassen: Zuerst hingen auch die Israeliten einer „Religion“ an: einer Wetter- und Fruchtbarkeitsreligion, die rechnete und sich die Götter (El, Baal) dienstbar machen wollte. Diese „Religion“ wurde durch die mehrfache Zerstörung des zentralen Tempels in Jerusalem und der Zerstreuung der Volksangehörigen in alle Welt in eine schwere Krise gestürzt. Doch entgegen der zu erwartenden Entwicklung löste sich Israel durch Exil und Diaspora nicht auf. JHWH formte sein Volk um. Nun wandelte sich Israel im Judentum von einer „Religion“ zum „Glauben“.[157] Das Christentum (und der Islam) bauen auf dieser „Erziehung“ auf, sind also Kinder desselben Vaters.

Schließlich wurden sich die Gerufenen bewusst: *„Das ist [Gottes] Wahrheit: Befreiung aus jeder Form der Unfreiheit (Ex 20,2f).“*[158] Darauf bezieht sich der ganze Dekalog, die ganze Torá, die gesamte Bibel. Menschenwürdiges Leben in Freiheit ist nur in der Beziehung mit diesem Gott möglich. Außerhalb davon herrscht Unfreiheit, weil sich immer irgendwer oder irgendetwas zur Herrschaft über die eigene Individualität aufschwingt, um sie in ihrer Freiheit oder gar in ihrer Existenz zu bedrohen.
Transzendenz meint demgegenüber das Bewusstsein der Beziehung zu Gott, durch die die eigene Vergänglichkeit über sich selbst hinaus geht auf das Unvergängliche zu. „Überschreiten“ beinhaltet jedoch, dass wir trotz des Über-die-Welt-Hinausblickens noch mit beiden Füßen in der Welt verhaftet bleiben. Wir sind uns bewusst, dass wir aus unserer endlichen Haut nicht herauskommen. So beispielsweise wenn wir unter der Hand den Unendlichen in

endliche Bilder kleiden, andererseits aber zur Betrieblichkeit dieser Welt in einer gewissen Distanz stehen. Das sah auch Benedikt XVI. so, als er der Kirche einen *Rückzug aus der Welt* verordnete.

Wer in der Welt aus sich selbst heraus etwas zu bewirken trachtet, wird unweigerlich scheitern. Allein in der Liebe Gottes finden wir Halt.[159] Oder: *„Die Zerfallenheit mit Gott ist der Ausgangspunkt aller Vergiftungen des Menschen, ihre Überwindung die Grundbedingung für den Frieden in der Welt"*[160] – weil wir Menschen nämlich eine Autorität über uns anerkennen und uns so nicht selbst zum Gott machen können. Nun ist der biblische Glaube kein philosophisches Konstrukt – dann bräuchte es in der Tat nur *ein* Evangelium und nicht vier. Er ist auch nicht die Erfindung von einem oder ein paar mehr oder weniger genialen Schriftstellern, die einen „Harry Potter" der Antike verfassen wollten. Wiederum schreibt Benedikt XVI.: *„Der [biblische] Autor spricht nicht als privates, in sich geschlossenes Subjekt. Er spricht in einer lebendigen Gemeinschaft und so in einer lebendigen, geschichtlichen Bewegung, die er nicht macht und die auch vom Kollektiv nicht gemacht wird, sondern in der eine größere, führende Kraft am Werk ist. […] Die einzelnen Bücher der Heiligen Schrift wie diese als Ganze sind nicht einfach Literatur. Die Schrift ist in und aus dem lebendigen Subjekt des wandernden Gottesvolkes gewachsen und lebt in ihm"*.[161] Wir müssen also die Zeugnisse der Bibel als Erfahrungen werten, die den Menschen im Laufe vieler Generationen mit Gott in der Welt widerfuhren. Darum ist für uns Christen auch das gesamte Alte Testament verbindlich und darum gibt es auch vier Evangelien: Jesus, Gott, erscheint nicht nur in *einer* bestimmten Weise; sein Wirken in der Welt bricht sich an vielen individuellen Personen, ist vielfältig und darf auf vielerlei Weise gedeutet werden.

Das ist es, was unser Glaube der heutigen Gesellschaft neu vermitteln muss: in einer Welt der Globalisierung und des Mainstream bemerken wir, auch in kirchlichen Kreisen, zunehmend eine Uniformisierung und Angst vor dem Andersartigen. Als katholisch wird da mit Scheuklappen nur eine ganz enge Linie wahrgenommen. „Katholisch" hat aber eine sehr weite Bandbreite, die (alle Christen eingerechnet) fast 2 Milliarden ganz individuelle Deutungen zulässt.

Da Gott uns Menschen liebt, nimmt er uns so, wie wir sind, wie er uns geschaffen hat – vollkommen, nach seinem Bild. Gott will uns damit nicht überfordern. Im Gegenteil können wir uns an ihm hochziehen: „*Seid vollkommen wie euer Vater im Himmel vollkommen ist*" (Mt 5,48). Der griechische Begriff *teleios* bedeutet: vollkommen, reif, endgültig. Die Perikope zitiert Lev 19,2. Dort steht „heilig", statt „vollkommen". Was bedeutet das? Vom hebräischen Verständnis her gilt, was Benedikt XVI. über die Liebe schreibt: sie müsse „gereinigt" werden.[162] Das müssen wir uns vorstellen wie ein Musiker, der seine Musikalität durch Üben „reinigt", trainiert. Unsere Aufgabe ist es also, unser Menschsein ganz und gar auszubilden – *ganz Mensch* zu sein. Innerhalb unserer psychisch-physischen Grenzen sind wir Menschen gerufen, unser Menschsein zu „reinigen", zu trainieren, dem wahren Menschen, wie er vom Schöpfungsplan her gewollt ist, entgegen zu wachsen.
Der geduldige und dezente Anruf Gottes ergeht so immer an alle Menschen; Israel spielt eine Sonderrolle als Gottesvolk nur deshalb, weil es am konsequentesten und kontinuierlichsten diesem Ruf antwortete.

Wie konnte es nun sein, dass die einfachen Galater durch die Kreuzespredigt eines halbtoten Paulus zum Glauben kommen konnten? Gekreuzigt wurden, das wussten auch die Galater, nur Schwerverbrecher und Staatsfeinde – modern gesprochen: „Terroristen". Welche Botschaft, welche Tat Gottes schwingt hier mit, die auch für uns heute noch Grund genug sein kann, unser Leben radikal danach auszurichten, es zum „Betriebssystem unseres Lebens" zu machen?

Niemand vor Paulus hatte derart stark betont, dass jeder einzelne Mensch von Gott ein unersetzlicher Wert zuerkannt wird (unabhängig von dem, was er ist oder hat). Im Gegensatz zur Lehre der Stoa, die dem Christlichen in der griechisch-römischen Welt noch am Nächsten kommt, ist der Mensch radikal frei – aber in der Sünde gefangen. Seine einzige Möglichkeit wirklich frei zu werden, ist es, sich von Jesus Christus befreien zu lassen.[163] Jesus erreicht das, indem er sich zum radikal Unfreien machen lässt: gefangen am Kreuz und verflucht.

Jesus ist also für unsere Sünden gestorben. Aber würde das unsere Schuld nicht nur vermehren? Geht es denn um ein Menschenopfer für einen rachsüchtigen Gott? Das widerspräche allem, was in der Bibel steht, fundamental. Jedoch, allein Gott kann sich als Opfer darbringen, denn kein Opfer des Menschen bringt etwas dar, was dem Schöpfergott nicht schon gehörte – alles bliebe Ersatzopfer.[164] Gott opfert sich selbst: er riskiert für uns sein Leben. Wir sollten dies mit Eltern vergleichen, die ihr Kind in Lebensgefahr sehen. Natürlich werden sie ohne lange nachzudenken, ihr eigenes Leben auf Spiel setzen, um ihr Kind zu retten. Jesus, Gott, geht auch diesen Weg. Eine andere Möglichkeit gibt es nicht, wenn er uns wirklich retten will. Er muss sich uns Sündern bzw. unserer Sünde unterwerfen und den Tod dafür in Kauf nehmen. In seiner leibhaftigen Auferstehung aber schenkt er auch uns Menschen neues, ewiges Leben. In seiner leibhaftigen Himmelfahrt nimmt er uns mit in sein Gottsein, stellt er unsere „vorsündhafte" Ebenbildlichkeit wieder her.

Gottes Handeln in der Welt, an uns, resultiert aus der Liebe des Schöpfers für seine Geschöpfe. Aus dieser Liebe heraus überlässt er uns nicht uns selbst wie es beispielsweise der Gott Epikurs tut.[165] Er will uns aus der Vergänglichkeit in die Ewigkeit holen, die kein Nirwana ist, in dem sich die individuelle Person auflöst. Er erlöst uns wirkmächtig aus unserer Verstricktheit von Schuld und Sünde, was der harmlose Lückenbüßergott der Aufklärung nicht kann. Das wird selbst von unbedarften, areligiös lebenden Schülern wahrgenommen und erkannt, wie oben bemerkt wurde. Weil er der Ganz Andere ist, der alle Menschen gleichermaßen erschaffen hat, gelten auch alle Menschen gleich viel vor ihm, was dem Ansinnen vieler widerspricht, sich selbst zum „Gott" zu erheben und ihre Meinung anderen zu diktieren. Drei Konsequenzen ergeben aus dieser Liebe Gottes:

- Gott liebt uns *zuerst* und geht auf uns zu.[166] Ohne Vorbedingungen hat er für uns sein Leben riskiert. Die mögliche Reaktion und Antwort des Menschen ist Beziehung in Glaube und Gebet.
- Wenn wir uns von Gott geliebt wissen, dann können wir aber nicht über die Not unserer Mitmenschen hinwegsehen. Auch sie sind ja Geliebte Gottes und bedürfen unseres Engagements, wenn sie in Not sind.

So wird *jeder* Mensch zu unserem Nächsten und darf unsere Nächstenliebe und Solidarität erwarten.
- Schließlich erwächst aus diesem Geliebt-sein auch eine Verantwortung gegen uns *selbst.* Wenn Gott uns so annimmt, wie wir sind, dann müssen wir das auch tun. Selbstliebe ist kein Narzissmus, es ist die Aufgabe, in sich hineinzuhorchen, vor sich selbst ehrlich und authentisch zu bleiben.

Nur wenn Gottesliebe, Nächstenliebe und Selbstliebe zusammenwirken, können wir unserem Ziel, ganz Mensch zu sein, nahe kommen. Alles andere ist pervers oder irr.[167] Wenn es zuletzt Gott überhaupt nicht gäbe, dann wäre das alles umsonst. Für uns gilt also die Regel des Spiels von La Place: man kann nichts verlieren, aber alles gewinnen. Oder, wie Benedikt XVI. es formuliert hat: „*Christus nimmt euch nichts, aber er gibt euch alles.*"
Schließlich müssen wir noch feststellen, dass dieser liebende Gott alle Menschen so will, wie es unserer geschaffenen Natur entspricht. Und das betrifft die lange evolutionäre Entwicklung unserer Rasse in den letzten 3 bis 7 Millionen Jahren. Wir müssen dann eingestehen, dass unser Fortschritt in den vergangenen zweihundert Jahren zu einer Technisierung unserer Umwelt geführt hat, durch die uns eine Abnabelung von unserer eigenen Natur droht. Nachweislich macht uns eine solche widernatürliche Lebensführung sogar krank.[168] Das Gotteswort bleibt nie ohne Veränderung und Konsequenz.[169] So muss mit dem Glauben an den einen, menschenliebenden Gott also ganz selbstverständlich eine Lebensführung einhergehen, die der menschlichen Evolution und Natur entspricht. Das soll kein Angriff auf unsere Errungenschaften sein – ich

nutze diese ja selbst. Wohl aber soll es ein Appell sein, dass wir auf uns selbst achten müssen und uns nicht von unserem Fortschrittswahn instrumentalisieren lassen: Die Technik muss für (alle) Menschen da sein und nicht der Mensch für die Technik – und das Geld, das sich damit verdienen lässt.

Gott hat uns Menschen nach biblisch-christlicher Überzeugung nach seinem Bild geschaffen; in jedem von uns ist Gottes Würde präsent, jeder von uns besitzt den Status eines (Gott-)Königs. Der Text, der das untermauert, Gen 1,28, ist aller Wahrscheinlichkeit nach in einer Zeit entstanden, als Israel vollkommen erniedrigt war: der Tempel in Jerusalem zerstört, die geistig-politische Elite in babylonischer Gefangenschaft, Israel als Staat mit seiner Religion praktisch ausradiert. Die Priester, die diesen Text verfassten, nahmen sich babylonische Schöpfungsmythen zum Vorbild; doch entgegen den Babyloniern erkannten sie die göttliche Würde nicht nur dem über seinem Volk stehenden König zu, sondern radikal allen Menschen. Doch wir Menschen, denen ein freier Wille zuerkannt ist, vermögen es nicht immer, in dieser königlichen Würde zu bleiben. Wir fahren fort, andere unter unseren Willen zu zwingen und zu erniedrigen – und oft genug trifft es uns selbst, von anderen erniedrigt und für ihre Zwecke missbraucht[170] zu werden.

Es ist unsere Überzeugung, dass Jesu Kreuzestod und Auferstehung diese unsere königliche Würde unumkehrbar und endgültig wiederhergestellt hat. Dass dieser Glaube mehr ist als eine schöne Illusion, macht sich in der Tatsache fest, dass gerade aus jenen enttäuschten Feiglingen, die mit dem Gekreuzigten all ihre Hoffnungen fahren ließen, plötzlich mutige Verkünder der Auferstehung wurden, die dafür sogar alle ihr Leben gaben.[171] Wie können wir behaupten, dass Jesu Erlösungswerk geschehen sein, wo doch die Sünde nach wie vor unter uns Menschen haust? Angenommen, Jesus, das menschgewordene Gotteswort, habe seine Jünger unterwiesen, hätte sich aber aus dem Staub gemacht, als ihm der Tod drohte. Dann wäre Jesus ein großer Lehrer wie etwa Buddha, der uns Menschen gezeigt hat, wie wir leben sollten. Er hätte uns mit der titanischen Aufgabe der Erlösung aber allein gelassen – wie es neben dem Buddhismus der Islam letztlich auch tut: Wir selbst müssten das Kunststück zuwege bringen, über unseren (sündhaften) Schatten zu springen und Gott würde beim letzten Gericht unerbittlich aussieben.

Hätte Jesus unter dem Kreuz mit Hilfe herbeieilender himmlischer Heerscharen in einem gewaltigen, göttlichen Showdown alle seine Peiniger platt gemacht, um dann in Pracht und Herrlichkeit in den Himmel zurückzukehren, dann wären zwar Kajaphas, Pilatus, Judas Iskariot, den Tempeldienern und den römischen Soldaten ihre Sünden heimgezahlt worden, aber was würde das uns berühren? Gott hätte uns mit unserer Sündhaftigkeit allein zurückgelassen – oder er hätte uns in seinem himmlischen Handstreich all unserer Willensfreiheit beraubt. Wir wären fürderhin seine seligen, aber willenlosen Marionetten. Dann dürfte es aber heute auf der Welt auch keine Sünde mehr geben. Da sie aber noch existiert, wäre Gott letztlich gescheitert, was sein Gott-Sein in Frage stellt oder er wäre ein sehr zynischer Gott, was er erwiesenermaßen nicht ist. Also ist er den Weg seines unverdienten Leidens konsequent zu Ende gegangen. Er hat sich unter die sündhafte Erniedrigung seiner Peiniger – Menschen wie wir – gebeugt. Aber er ist nicht im Tod geblieben. Er hat den

Tod in der Auferstehung überwunden und ist in seiner menschlichen Gestalt in den Himmel (zu Gott) zurückgekehrt. Er hat uns somit in unsere ursprüngliche Würde zurückgeführt. Hat das für uns Folgen? Ich meine: ja. Denn die Sünde ist zwar (vorerst) nicht verschwunden, weil uns Gott unsere Willensfreiheit belassen hat. Indem sich Jesus aber stellvertretend für uns alle der Sünde unterworfen hat, um uns alle in der Auferstehung zu rehabilitieren, steht unsere königliche – göttliche – Würde unumstößlich fest. Jeder von uns steht gleichauf mit allen anderen Menschen vor Gott und darf sich mit seiner Menschenwürde bekleidet fühlen, wenn er mit Gott in Gemeinschaft bleibt. Darin liegt die Erlösungstat Jesu Christi und darin sehe ich den Status jedes Christen: er darf würdevoll und der Gottesliebe gewiss leben, selbst wenn er wie zu Zeiten des Paulus als Sklave weiterlebt. Selbst wenn er äußerlich von anderen unterdrückt bleibt, kennt er innerlich seinen wahren Wert und kann entsprechend würdevoll und erfüllt leben. Er kann das, weil er weiß, dass ihm niemand seine Würde als Gotteskind zu rauben vermag, selbst an seinem persönlichen Kreuz nicht – das ist ja letztlich das Ziel jeder Folter, Diffamierung, Ausgrenzung: Den Menschen zum Objekt zu erniedrigen, ihm seine Würde zu nehmen. Diese innere Haltung bezieht er aus dem Wissen um die absolute Souveränität, mit der dieser Gott der Liebe über seine Schöpfung herrscht. Auch wenn er den Lauf des Menschengeschlechts nicht wie ein Uhrmacher oder Marionettenspieler selbst in die Hand nimmt, ist mit dieser Tat die Ungerechtigkeit der Welt bleibend in Frage gestellt. Man könnte mit Ortkemper die Auferstehung Jesu auch einen Protest Gottes gegen das Unrecht nennen: Gott stellt sich auf die Seite der unschuldig Ermordeten und der um ihr Leben Betrogenen. All jene seit Anbeginn der Welt werden ihre Würde zurückerhalten,[172] weil sie sie in Gott nie verloren hatten. Und damit verbunden ist Gottes Zusage, einstmals Gericht zu halten, damit das Böse in der Welt nicht das letzte Wort haben wird. Denn er hat sich als gerecht erwiesen. Wir können uns auf seine Zusage felsenfest verlassen.

Letztmals möchte ich Sie nun dazu einladen, lieber Leser, Ihre Gottesvorstellung in der Liste in der Einführung zu kontrollieren. Hat sich Ihr Verständnis von Gott verändert?

Wollen wir zum Schluss noch danach fragen, wie sich die „Erziehung" Gottes in der Beziehung zwischen Gott und uns Menschen gestaltet. Bernhard Lang verweist auf eine doppelte Veränderung des Verhältnisses der Menschen zu Gott/den Göttern in vorbiblischer und biblischer Zeit: Zunächst wähnten die Menschen das Göttliche in menschlicher Gestalt auf und in der Welt. Davon legt etwa Jakobs Kampf mit Gott am Fluss Jabbok (Gen 32,23-33) Zeugnis ab. Mit der zunehmenden Ausbreitung des Menschen in der Welt ziehen sich die Götter aber immer mehr an den Rand der Welt beziehungsweise in den Himmel zurück. Die *horizontale Distanz* wird zur *vertikalen Transzendenz*. Gleichzeitig sind sie für die Menschen nur durch Mittler wie Schamanen, Priester oder dem gottgleichen König erreichbar. Das Buch Deuteronomium entrückt Gott noch weiter; umgekehrt aber ermöglicht es *allen* Menschen den Zugang zu Gott, nämlich durch den Buchstaben der Weisung, die Gott an alle Menschen richtet.[173] Heinrich Heine kann die Torá darum auch „tragbares Vaterland" nennen;[174] sie ist für Israel künftig geistige

Heimat anstelle einer geographischen. Man könnte es mit Melloni so auf den Punkt bringen: Der individuelle Kontakt zu Gott wird „demokratisiert", vom Gottkönig und wenigen Priestern hin zum breiten Volk.[175]

Es lässt sich diese Bewegung also so beschreiben: Während der „Gott außen" für die Menschen immer weniger greifbar ist, kommt der „Gott innen" dem Einzelnen immer näher, zunächst ausschließlich durch kompetente Mittler, dann durch den (von allen) lesbaren Buchstaben. Diese Entwicklung setzt sich in der Bibel noch weiter fort: *Gott außen*, der im Alten Testament noch handgreiflich in der Welt wirkt, ist im Neuen Testament eigentlich nicht mehr fassbar (Niemand kommt zum Vater außer durch den Sohn). Umgekehrt aber kommt uns der *Gott innen* immer näher – aus dem Buchstaben des Gesetzes in den Geist, in die Liebe, die jeder Mensch tief in sich trägt. Oder noch einmal mit anderen Worten: die aktive Bewegung des Menschen auf Gott zu (die menschliche „Leistung" führt zunehmend ins Leere; die aktive Bewegung Gottes auf uns Menschen zu dagegen führt zu einer immer intimeren Beziehung. Das legen uns Paulus und die Evangelisten deutlich vor Augen[176] und das gipfelt im bereits erwähnten Wort des heiligen Augustinus: *„Liebe und tu, was du willst"*. Wer wirklich liebt, der erfüllt ganz gewiss die Weisung Gottes auch jenseits des Buchstabens.

Um Missverständnissen vorzubeugen, müssen hier *Gott außen* und *Gott innen* klar definiert werden: *Gott außen* bedeutet ein in der Welt konkret wahrnehmbarer Gott, der sich bildhaft ausdrücken kann, das heißt als konkretes Gegenüber „objektiv" erfahren werden kann. *Gott innen* bedeutet das Wirken Gottes in der menschlichen Person, „im Geiste". Das gegenwärtige Problem liegt demnach in der Nichtwahrnehmung *Gottes innen* als Gott beim gleichzeitigen Verschwinden des *Gottes außen* durch die naturwissenschaftliche Wahrnehmung. Der *Gott innen* erscheint heute als innerpsychischer Vorgang eines Individuums und wird gerne gemäß einer „naturwissenschaftlichen" Weltsicht auf eine neuro-chemische Ebene reduziert.

Diese doppelte Entwicklung hält nach wie vor an. Der *Gott außen* ist für uns immer weniger fassbar. Hatte er einst in den Himmel „ausweichen" müssen, so ist er durch den technischen Fortschritt auch dort – im Firmament oder im All – verschwunden. Er ist unsichtbar geworden, nicht begreifbar und messbar. Gleichzeitig aber ist der *Gott innen* uns heute näher denn je. Die Aufklärung ist zu dem Ergebnis gekommen, dass sich der Mensch auf seine Vernunft letztverbindlich verlassen kann. Was wir heute „Privatisierung des Glaubens" nennen, geht mit dem Verschwinden jeglicher Institutionen einher, sofern sie zwischen uns und dem *Gott innen* stehen. Mit dem Wachsen des *Gottes innen* wuchs durch die Jahrtausende auch die menschliche Freiheit. Sie erreichte in der Verkündigung Jesu ihren Höhepunkt; freilich sind wir seither immer noch dabei, die ganze Tragweite von Jesu Wirken zu erkennen. Unsere Freiheit geht heute so weit, dass wir unseren Glauben frei wählen können. Mit der Freiheit aber wächst auch die Verantwortung. Die Menschen in schamanischen Gesellschaften haben recht eigentlich keine große Verantwortung für ihre Lebensführung. Sie sind Befehlsempfänger dessen, der durch den Mittler spricht. Das (frühe) Judentum sieht seine Verantwortung von der Torá „umzäunt". Heute tragen wir alle Verantwortung für das Gelingen unseres Lebens selbst. Allerdings ist uns im Pfingstereignis der Heilige Geist als Begleiter zugesagt worden.

Mit Jer 31,31 lässt sich das auch so ausdrücken: der Alte Bund entsprang noch mehr menschlichem Wollen (auf Gott zuzugehen) und ist brüchig. Der Neue Bund wird (von Gott – schon bei Jeremia!) in die Herzen der Menschen eingeschrieben und bleibt daher auf Dauer.[177]

Diese Entwicklung hat auch für die Kirche Folgen. Die Christen interpretierten bislang die Kirche (als Hierarchie) in einem heute freilich schwindenden Maße als Instanz, die für sie die rechten Entscheidungen trifft. Heute aber ist der so unendlich freie Mensch mit seiner Verantwortung praktisch alleine. Er empfindet die Stimme der Kirche als Bevormundung, die er nicht mehr duldet. Allerdings überfordert diese Freiheit das soziale, transzendierende Geschöpf Mensch von seiner Natur her. In dieser Situation bedarf jeder Mensch eines Begleiters und Beraters – das zeigt die tiefe Verunsicherung, die heute allerorts spürbar ist. Ganz in diesem Sinne hat ja das Zweite Vatikanische Konzil die Rolle der Kirche als Gottesvolk, das durch die Geschichte unterwegs ist, längst umschrieben. Schon im Neuen Testament wird ja der Heilige Geist Gottes, der seit Pfingsten bei uns weilt, als *Begleiter* wahrgenommen, der mit dem Volk auf diesem seinem Weg mitgeht und leitet. Gelingt es, den Gläubigen dieses Verständnis von Kirche neu zu vermitteln, wonach es nicht um Aufgaben geht, die *wir* erledigen oder leisten müssen, sondern um das Vertrauen in das Wirken Gottes, das sich in seinem langen Erziehungswerk selbstverständlich über kurz oder lang durchsetzen wird, dürfen wir für die Fortentwicklung des Glaubens in Europa für die Zukunft die allergrößten Chancen sehen.

# 9. Nachwort

Die jüngsten Terroranschläge im Oktober und November 2015 haben mich dazu bewogen, hier noch einen Gedanken anzubringen – weil er unsere Betrachtungen über Gott betrifft:

Die Attentäter beginnen ihr blutiges Werk mit dem Ruf „*Gott ist groß*" auf den Lippen, dem Anfang des muslimischen Glaubensbekenntnisses. Es ist wahr: Gott ist groß, das haben wir in diesem Buch bestätigen können.

Doch unter den 99 Namen Gottes, die der Muslim in jedem Gebet nennt, wird die Größe Gottes in ihrer umfassenden Bedeutung vergegenwärtigt. Und sofern ich die Muslime, die ich kenne, richtig verstanden habe, ist der wichtigste dieser Namen Gottes *Gott der All-Barmherzige.*

Hier berühren sich der Koran und das Evangelium des Propheten Isa: Gott ist die Liebe! Ist es nicht ein offener Schlag ins Gesicht Gottes, wenn sich eines seiner geliebten Geschöpfe das Leben nimmt und andere seiner geliebten Geschöpfe in den Tod reißt mit diesen Worten auf dem Mund: „Gott ist groß"?

Ich möchte gerne wissen, was diese sich als fromme Muslime verstehenden Menschen Gott antworten, wenn er sie unter Tränen fragt, weshalb sie das getan haben.

Mir ist bewusst, dass viele dieser Menschen etwas gegen die beißende Ungerechtigkeit auf der Welt tun wollen, dass sie aus Verzweiflung handeln, weil kein Mensch nach seinem gesunden Menschenverstand so handeln würde – nicht wenn er seinem gottgewollten Menschsein folgt. Es kann und konnte noch nie der Wille des Einen Gottes sein, da er sich die Mühe macht, sich uns seit so langer Zeit geduldig zu erschließen, dass seine Menschen blutrünstig übereinander herfallen. Unser großer, göttlicher Erzieher hat ein anderes Ziel mit uns.

Und die Aufgaben, die vor uns liegen, neun und zehn Milliarden Menschen, die ernährt werden wollen, die klimatischen Veränderungen, die verantwortungslose Ausbeutung und Vernichtung unserer Umwelt des wertlosen Geldes wegen oder die Gefahr, die uns jederzeit aus dem Weltall droht, dazu all die kleinen Probleme jedes Einzelnen; das ist es, wofür wir alle zusammen unter der Hand unseres großen Gottes arbeiten müssen, damit er durch uns segensreich wirken kann.

Gott ist groß!

Gott ist die Liebe!

Amen!

# 10. Anmerkungen

So etwa bei Küstenmacher, Gott 9.0.

[2] Ratzinger, Glaube, S. 118ff; Ratzinger, Jesus, Tl. II, S. 50 weist darauf hin, dass bereits Gregor von Nazianz von Gott als Erzieher der Menschen spricht; vgl. dazu Lütz, Gott, S. 194.

[3] Budde, Kind, S. 34.

[4] Kügler, Tau, S. 31.

[5] Aktueller Stand im September 2015.

[6] Das Hebräische kennt (wie das Arabische auch) keine Vokale in der Schrift. Die vier Konsonanten sind also mit den zugehörigen Vokalen zu lesen: JaHWeH. Das Wort „Jehowa" ist übrigens ein Kunstwort, das aus den Konsonanten JHWH und den Vokalen des Wortes $^{c}$aDoNaJ (Herr) gebildet wurde.

[7] Küstenmacher, Gott 9.0.

[8] Religion vernetzt 10, S. 39 zeigt diese Bedürfnisse aus Nahtoderfahrungen von Menschen aus allen Kulturkreisen als das Eigentliche, das dem Menschen Sinn im Leben vermittelt.

[9] In diesem Zusammenhang ist auf die vor 100.000 Jahren angelegten Gräber auf dem Berg Karmel hinzuweisen, die durch ihre Grabbeigaben ein transzendentes Denken der damaligen Menschen belegt. Diese Menschen haben ihre Vorstellungen vermutlich auch bereits aus einer langen Tradition übernommen. Vgl. Human Journey, Teil 1.

[10] Ratzinger, Jesus, Tl. II, S. 308.

[11] Schroer/Staubli, Körpersymbole, übersetzen den hebräischen Begriff für Barmherzigkeit, *rächäm,* entsprechend wörtlich vom „Uterus" kommend, mit M*utterschößigkeit.*

[12] Vgl. Rosen, Suche, S. 27.

[13] Ratzinger, Glaube, S. 73.

[14] Ratzinger, Glaube S. 85.

[15] Ratzinger, Jesus, Tl. I, S. 116f erwähnt, dass Trauer eine aktive Haltung ist, nämlich die Erkenntnis, dass etwas schief läuft und wir das so nicht einfach hinnehmen wollen.

[16] Schroer/Staubli, Körpersymbole, S. 151 weisen darauf hin, dass nach altorientalisch-biblischem Verständnis zur Herrschaft (Macht euch die Erde untertan) immer auch der Schutz gegen Feinde gehört.
[17] So Günter Lange während seines Vortrags, Didaktik und Methodik der Bildbetrachtung in der Bibelarbeit, im Rahmen einer Lehrerfortbildung des IFL Gars in München, April 2007.
[18] mAv 4, 22 nach Ego, Vorzimmer, S. 55.
[19] Cannuyer, Himmel, S. 5.
[20] Kiefer, Quantenkosmos.
[21] Lehmann, Papsttitel, S. 7.
[22] P. Birk SM in einer Predigt in St. Ulrich am 16.10.11.
[23] Albani, Sterne, S. 28.
[24] Ratzinger, Einführung, S. 102.
[25] Anne-Marie Le Bourhis während eines Vortrags in Weisendorf im April 2010. Vgl. dazu die Tendenz in Frankreich, christliche Feste zu säkularisieren: Ostern wird zum Frühlingsfest.
[26] Dabei nimmt die Mutter mit 44,66 % einen Spitzenplatz ein, gefolgt vom Vater mit 32,38 %.
[27] Vgl. hierzu Birnstein, Katholisch never.
[28] Vgl. Glonner, Bildersprache, S. 223f.
[29] Es ist darauf hinzuweisen, dass Gott *alle* Menschen ruft – auch in den Kulturen außerhalb des biblisch-christlichen Glaubens. Es sind in diesem Zusammenhang auch Karl Rahners „anonyme Christen" hervorzuheben. Der Glaube ist keine Frage der Lehrsätze, sondern der menschlichen Vernunft. Die Frage ist, wie der Gerufene reagiert. Sagt er zu diesem Gott JA, oder NEIN.
[30] Neben der Darstellung von Le Bourhis nehme ich im Folgenden vor allem Bezug auf die ausführlichen Darstellungen von Arp, Kopf, S. 206 – 217.
[31] Vgl. Becker-Huberti, Lexikon, S. 303.
[32] Oser/Gmünder in: Ziebertz, Wer lernt? (RD), S. 164.
[33] vgl. Spindler, Unsichtbare Freunde, S. 26f.
[34] Anne Marie Le Bourhis am 31.05./01.06.08 im Pfarrheim St. Johannes, Gräfelfing-Lochham.
[35] Ziebertz, Wer lernt? (RD), S. 164.

[36] Ziebertz, Wer lernt? (RD), S. 164.
[37] Lütz, Gott, S. 91.
[38] Ratzinger, Glaube, S. 160f.
[39] Knauf, Kanaan, S. 41ff zeigt auf, dass Israel innerhalb der kanaanäischen Gesellschaft aufgewachsen ist und ihr voll und ganz angehörte.
[40] Die These von der Säkularisierung als Bedeutungsrückgang der Religion in der Moderne, sieht Reinhard Kardinal Marx heute klar widerlegt. Vgl. sein Vortrag „Die Säkularisierung in Europa als Herausforderung an die Kirchen" am 21.01.11 im Kardinal-Wendel-Haus, München; vgl. dazu auch Ratzinger, Wurzeln.
[41] Morris, Tier, S. 7.
[42] Ratzinger, Einführung, 102 – 118.
[43] Schaper, Schatzhaus, S. 29f, 32, Türcke, Mehr!, S. 23ff.
[44] Lütz, Gott, S. 32.
[45] Lamb / Sington, Erdgeschichte, S. 116ff. Ein im April 2010 vom BR ausgestrahlter Film über Neuseeland zeigte anhand eines Zeitraffers sehr beeindruckend, wie Gletscher von unseren Blicken unbemerkt fließen.
[46] Nach: Nöhbauer, Wittelsbacher, S. 333.
[47] Morris, Tier, S. 156ff.
[48] Vgl. dazu auch Goethes Preisgesang auf den Architekten des Straßburger Münsters, zit. nach Fendrich, Himmelhoch, S. 58.
[49] Bis zum Jahr 1687 stand der Parthenon vollkommen intakt auf der Akropolis, seit dem 6. Jahrhundert als Kirche genutzt, seit 1460 Moschee. Vernichtet hat ihn also nicht der Zahn der Zeit (die moslemischen Osmanen beließen ihm sogar seine heidnischen Skulpturen), sondern eine venezianische Kanonenkugel, die das türkische Pulvermagazin darin zur Explosion brachte. Vgl. Stierlin, Griechenland, S. 198.
[50] Thomas, Spiele, S. 22.
[51] Vgl. Maier, Plünderung, S. 214 u. a.
[52] Unsere wichtigste Referenzstelle hierzu ist Jes 7,9; siehe auch Ratzingers Übersetzungsvorschlag: Einführung, S. 62.
[53] „glauben" und „geloben" haben dieselbe Wortwurzel; sie hängen mit „lieb haben" zusammen. Vgl. Duden Herkunftswörter-

buch[5] 2014, S. 225, 403, 407.

[54] SS 8.

[55] Zeit mit Gott 1/2009, S. 9f.

[56] Vgl. dazu Ratzinger, Glaube, S. 118ff und Lütz, Gott, S. 193ff, 203ff.

[57] Lütz, Gott, S. 193f.

[58] Dan 3,38f nach Ratzinger, Glaube, S. 120.

[59] DCE 12f

[60] Ratzinger, Einführung, S. 268 hat darauf aufmerksam gemacht, dass Gott in seiner ganzen Allmacht auf das freie Ja des freien Menschen warten muss. Das ist das sich dem liebenden Gott anvertrauende, wahre Opfer des Christen.

[61] Vgl. Oser/Gmünder nach RD S. 164; Kilian, Beziehungen, S. 18 – 20.

[62] Vgl. oben: Ratzinger, Glaube, S. 160f.

[63] Dazu Finkelstein, Jericho, S. 112ff, Frevel, Geschichte, S. 611ff.

[64] Vgl. Finkelstein, Jericho.

[65] Knauf, Kanaan, S. 41ff.

[66] Human Journey; Grabbeigaben haben nur Sinn, wenn vermutet wird, dass sie der Tote in einer neuen Existenz nach dem Tod braucht.

[67] Die angeführten Texte wurden aus der Septuaginta (AT) bzw. aus Nestle/Aland (NT) übersetzt. Es lohnt sich, auf die Unterschiede zur Einheitsübersetzung zu achten.

[68] Zenger, Pentateuchtexte, S. 176.

[69] Zu Krösus siehe Herodot, Historien, 1, 47.53. Um für seinen beabsichtigten Feldzug gegen die Perser eine zuverlässige Prognose zu erhalten, prüft Krösus verschiedene Orakelstätten durch ein Rätsel. Die Pythia in Delphi konnte den König überzeugen; der zweideutige Spruch *„Wenn du den (Grenz-)Fluss Halys überschreitest, wirst du ein großes Reich zerstören"* wurde von Krösus falsch eingeschätzt und führte zu seinem eigenen Untergang. Die Inschrift auf dem Runenstein von Brerezan im Dnjepr lautet nach Graichen, Schliemanns Erben, S. 193: *„O mein Herr [Odin]! Ich bin aus fernem Lande gekommen, führe Mädchen mit mir, Zobelfelle und andere Handelsware. Dir habe ich dies Geschenk gemacht. Ich wünsche, du bescherst mir einen Käufer, der brav Gold-*

*und Silberstücke hat und der mir abkauft alles, was ich möchte."*

70 Vgl. hierzu Kinet, Baal, S. 47; Caquot, Wurzeln, S. 37ff.

71 Schroer/Staubli, Körpersymbole, S. 58.

72 In diesem Zusammenhang sei auch auf die Bedeutung des Traumes für den Äskulapkult hingewiesen: Kollmann, Halbgott, S. 29ff.

73 Lippert, Schilfmeer, S. 210f.

74 Biblia Hebraica Stuttgartensia (BHS), S. 111.

75 „Werther" hat im Unterschied zu den anderen Figuren des Briefromans keinen Vornamen. Goethe hat sich sicher etwas dabei gedacht.

76 Zu weiteren möglichen Bibelstellen aus dieser Zeit siehe Zenger, Entstehung, S. 110: (Jos 24 = Gen 35,1ff; 33,19; 50,25.26b; Ex 13,19 (Hexateuch) und Zenger, Entstehung, S. 113f.

77 Vgl. dazu Frevel, Geschichte, S. 664, Finkelstein, Jericho, S. 304. Als weitere Texte kommen hierzu in Frage: Die Legende vom geeinten Königreich 1 Sam – 2 Kön (Zenger, Entwicklung, S. 118 nach Kratz), Gen 2 – 35: JHWH gegen das Königtum und persönliche Götter/Naturgottheiten; Israel als Vater Judas! Ex 2 – Jos 12: JHWH verspricht seinem Volk eine Zukunft jenseits der Staatlichkeit (Ägypten – Assur) (Zenger, Entstehung 120), Gen 25; 27 – 33 (10. Jh. Nordreich Israel), Gen 13; 18,1-16.20-22a; 19; 21, 1-7 (7. Jh. Südreich Juda) (Zenger, Entstehung, S. 106ff nach Blum), Josef verbindet die Väter mit dem Ex (durch Ägypten). Ex (Nordreich) nach 722 „judaisiert" Ur-Dtn 12-21; P nach 515 (2. Tempel) (Zenger, Entstehung, S. 121).

78 Vgl. Finkelstein, Jericho, S. 254ff.

79 Vgl. Römer, Vermittler, S. 17.

80 Vgl. Villeneuve, Feste, S. 14f.

81 Frevel, Grundgesetz, S. 22.

82 Der hebräische Text erwähnt hier einen Kultpfahl, oder, wie Buber übersetzt: „die Pfahlfrau".

83 Villeneuve, Feste, S. 16f.

84 Vgl. Terra X, Das Bibelrätsel.

85 Keel, Bildsymbolik, S. 130.

86 Zenger, Entwicklung, S. 119.

[87] Vgl. Römer, Not, S. 4ff.
[88] Vgl. dazu Zenger, Prophetie, S. 417ff; Jüngling, Jesaja, S. 427ff; Backhaus/Meyer, Jeremia, S. 452; Zenger, Zwölfprophetenbuch, S. 533ff.
[89] Nach Ratzinger, Jesus, Tl. I, S. 350: „Wo sollte eigentlich der nachösterliche Glaube hergekommen sein, wenn der Jesus vor Ostern keine Grundlage dazu bot?"
[90] Theuer, Seher, S. 14 – 21.
[91] Theuer, Seher, S. 41.
[92] Schroer/Staubli, Körpersymbole, S. 63 – 66.
[93] Vgl. Görg, Mythos, S. 112.
[94] Die Formulierung hat der Koran in der Geschichte von der Erschaffung des Menschen mit „beischlafen" übersetzt. Vom Wortursprung her (die Unklarheiten der kufischen Konsonanten bereinigt) ist aber wohl eben dieses „ruhen" zu lesen. Vgl. Wimmer/Leimgruber, Mohammed, S. 44; Beltz, Mythen, S. 35f.
[95] Die Formulierung der Septuaginta meint wohl: *„dann werdet ihr nicht als Volk unter Gott zusammenbleiben"*.
[96] Ratzinger, Einführung, S. 62.
[97] Zum ursprünglichen Kernbestand des Dtn und seiner Motivation siehe Zenger, Entstehung, S. 114. Zur Theologie des Dtn siehe Braulik, Deuteronomium, S. 149ff. Der Vernichtungskrieg, den Josua im deuteronomistischen Geschichtswerk gegen die Kaananäer geführt haben soll, ist schon damals nicht historisch verstanden worden, sondern gilt als erzählerisches Mittel für das radikale Vertrauen in Gott. Das Land bedeutet Glück; es ist das Geschenk Gottes an Israel (Braulik, Deuteronomium, S. 152f). In der gleichen Weise ist auch später die blutrünstige Literatur der Eroberung des Heiligen Landes durch die Kreuzritter zu verstehen. Vgl. dazu Melloni, Ritterorden, S. 54.
[98] Übrigens gab es in der jüdischen Welt auch nach den Deuteronomisten nicht nur den einen Tempel in Jerusalem: auch in Elephantine stand ein Tempel JHWHs und auch im ägyptischen Leontopolis (ihn ließ Kaiser Vespasian 73 nC nach dem jüdischen Krieg schließen, um der Bildung eines neuen Widerstandszentrums zu begegnen: Blasius, Anpassung, S. 47.

[99] Braulik, Deuteronomium, S. 153f.
[100] Unter anderen sind dieser zuzuordnen: Dtn 34,10-12; Gen 50; Gen 2 – 3 (EAT, S. 115); Gen 1. P im Gegensatz zu Dtr: Gen 18 (Dtr) – Gen 17 (P); Ex 3,1-6 (Dtr) – Ex 6,2 (P): EAT, S. 156ff.
[101] Lütz, Bluff, S. 40.
[102] Finkelstein, Jericho, S. 330f.
[103] Religion am Gymnasium 8, S. 12.
[104] Fischer, Perspektivwechsel, S. 29.
[105] Vgl. Talmud, Pessachim 87b: *„Der Heilige, gepriesen sei er, erwies Israel eine Wohltat, indem er es unter die Völker zerstreute."* (zit. nach Böckler, Judentum, S. 49).
[106] Böckler, Judentum, S. 48; dazu auch Dohmen, Ferne, S. 47.
[107] Herweg, Anfänge, S. 21.
[108] Wsh ist vermutlich das jüngste Buch des AT und ist in der Midrasch-Tradition für die Diasporajuden in Alexandria geschrieben worden. Es zeigt Einflüsse der Stoa (7,17 Elemente); 19,18; 14,3 (Vorsehung); 17,11 Gewissen) und Platons (8,7 Kardinaltugenden); 8,9f Präexistente Seele): Saur, Dokument, S. 50.
[109] Hier lassen wir einen Texteinschub der Septuaginta beiseite, der im hebräischen Text und auch in der Einheitsübersetzung nicht vorkommt.
[110] Vgl. Knauf, David, S. 13 – 16.
[111] Siehe u. a. Gnilka, Jesus, S. 7 und Ratzinger, Jesus, Tl. I, S. 350.
[112] So Irenäus von Lyon und Athanasios von Alexandria nach Vannier, Hindurchgang, S. 39.
[113] Als solches ist das *egó eimi* zu unterscheiden von dem *eimi egó* (hier bin ich), der klassischen Reaktion eines von Gott gerufenen Menschen.
[114] Mimouni, Anfänge, S. 29f.
[115] Bezug nehmend auf Marguerat, Apostel, S. 26.
[116] Vater = 'ab; 'abba ist eine Verkleinerungsform.
[117] Vgl. „Der andere Jesus", Sendung des ORF aus der Reihe „kreuz & quer".
[118] Ratzinger, Jesus, Tl. I, S. 350.
[119] Maguerat, enfant, S. 6.
[120] Vouga, Paulus, S. 57.

[121] Ratzinger, Jesus, Tl. II, S. 36.
[122] Ebner, Gott, S. 40f.
[123] Zenger, Propheten, S. 31.
[124] Blasius, Anpassung, S. 47.
[125] Vgl. Ratzinger, Einführung, S. 268.
[126] Karl Rahner fasst dies unter dem Begriff des „anonymen Christen" zusammen – vgl. Anmerkung 28.
[127] Offb 1,8 drückt das im ersten und letzen Buchstaben des griechischen Alphabets aus: *„ich bin das Alpha und das Omega"*.
[128] Es sei darauf hingewiesen, dass der griechische Urtext bei Joh 1 für das Lamm einen anderen Begriff (*ámnos* = Lamm) gebraucht, als Offb (*àrnion* = Lämmchen, Schäfchen).
[129] Vgl. dazu die Rede von Benedikt XVI. vor dem Deutschen Bundestag am 22.09.2011 in: Verlautbarungen des Heiligen Stuhls 189.
[130] Vgl. Morris, Tier.
[131] Vgl. Kiefer, Quantenkosmos, S. 102ff.
[132] Vgl. Ratzinger, Einleitung, S. 102; er spricht von Hunger, Fortpflanzung und Macht.
[133] Heute besteht an dieser Tugend aus wirtschaftlicher Sicht kein Interesse, was von vielen Menschen bereits verinnerlicht ist; vgl. Umfrage im Münchner Merkur vom 11.02.16.
[134] Vgl. Ratzinger, Jesus, Tl. I, S. 128.
[135] Lütz, Gott, S. 72ff.
[136] Vgl. Report Mainz (ZDF) vom 24.01.2011. Die befragten Opfer der Loveparade von Duisburg im Sommer 2010 demonstrierten, dass auch ein säkular denkender Mensch in einer säkularen Berichterstattung eine Vorstellung von eigener Schuld am Tod anderer hat; trotz der zweifellos intensiven psychologischen Betreuung.
[137] Vgl. die Summe der Nahtoderfahrungen von Menschen aller Kulturen, wie sie in Religion vernetzt 10, S. 39 dargestellt wird. Darin darf man wohl den Lebenssinn des Menschen annehmen.
[138] Faltin, Kunde. Es ist wissenschaftlich erwiesen, dass der Mensch den Kontakt zu anderen Menschen vis á vis braucht. Hat er ihn nicht, macht ihn das krank.
[139] Morris, Tier, an verschiedenen Stellen, bes. S. 156ff und S. 184ff.

[140] Dazu Ansprache Benedikts XVI. in Freiburg am 25.09.2011 in: Verlautbarungen des Heiligen Stuhls 189.
[141] Staubli, Bibel, S. 50f. (Lessing S. 50 und Heine S. 50f, Fortschreiben der Bibel S. 51).
[142] Staubli, Bibel, S. 53.
[143] Siehe dazu Butting, Prophetinnen, S. 34.
[144] Zenger, Propheten, S. 31.
[145] Ratzinger, Jesus, Tl. II, S. 50.
[146] Die Exegese neigt heute dazu, dieses frühe Zeugnis einer trinitarischen Vorstellung dem matthäischen Originaltext zu belassen, evt. als Teil der liturgischen Tradition seiner Gemeinden. Siehe dazu Gnilka, Matthäusevangelium, S. 504.
[147] Lambert, Bruch, S. 10.
[148] Zu Nestorius vgl. Norwich, Byzanz, S. 166f; zum Westgotenreich vgl. Thiess, Kaiser, S. 252ff.
[149] Wir orientieren uns hier an der Übersicht, die Lütz, Gott, S. 222 – 232 bietet. Dazu auch Horst, Caesar, Bleicken, Augustus und Raffalt, Kaiser.
[150] Merkt, Jugendbewegung, S. 11.
[151] Siehe dazu Favreau-Lilie, Frömmigkeit, S. 15ff oder Melloni, Ritterorden, S. 53ff.
[152] Vgl. Marx, Säkularisierung.
[153] Selbst die Orientierung am Geist der römisch-hellenistischen Philosophen geschah im christlichen Rahmen, da sich die Kirche doch das antike Erbe höchst erfolgreich zu Eigen gemacht hatte.
[154] Das bestätigt auch Blech, Gesundheit, S. 122ff.
[155] Schneider, Gott, S. 69.
[156] Ratzinger, Jesus, S. I 118. Schroer/Staubli, Körpersymbole, S. 21f weisen darauf hin, dass nach orientalischem Verständnis Schönheit nicht ausgewogene Proportionen meint, sondern Beziehung. Wenn im Islam also von der *Schönheit des Glaubens* die Rede ist, meint das das Verhältnis zu Gott.
[157] vgl. Ego, Seite, S. 17, Wetzel, Flügel, S. 57.
[158] Zenger, Echnaton, S. 30.
[159] DCE 37.
[160] Ratzinger, Jesus, S. I 115.

[161] Ratzinger, Jesus, S. I 19. Die Entstehung resultiert aus einem Zusammenwirken dreier Subjekte: dem Autor selbst, dem Gottesvolk als „tieferer Autor" und Gott, der im Tiefsten durch die Menschen redet. Bemerkenswert finde ich hierzu auch die These der Verschränkung in der Quantentheorie, Kiefer, Quantenkosmos, S. 94ff, weil sie im Grunde alte theologische Erkenntnisse wissenschaftlich in der Natur grundgelegt nachweist.

[162] Vgl. dazu DCE 4 – 7.

[163] Maguerat, enfant terrible, S. 8 ; Röm 6,18; 1 Kor 6,20.

[164] Ratzinger, Einführung, S. 268f.

[165] Rosen, Suche, S. 27.

[166] 2 Kor 5, 19ff nach Lehmann, Papsttitel, S. 7.

[167] So die markante Beurteilung menschlichen Verhaltens von P. Benedikt OSB in St. Bonifaz, München, 2007 während einer Predigt zu diesem Thema.

[168] Blech, Gesundheit, S. 122f.

[169] Vgl. Jes 55,11f.

[170] Angesichts des großen Skandals um Missbrauch Jungendlicher in kirchlichen, katholischen Einrichtungen, der im Frühjahr 2010 an die Öffentlichkeit kam und der sehr beschämend und peinlich ist, wähle ich diesen Begriff hier mit Bedacht. Denn Missbrauch hat viele Dimensionen und findet überall statt, wo sich Menschen in sündhafter Weise vom liebenden Gott abkehren.

[171] Ortkemper, Tod, S. 49.

[172] Ortkemper, Tod, S. 49.

[173] Lang, Erfindung, S., 13 – 15.

[174] Römer, Vermittler, S. 19.

[175] Melloni, Auferweckung, S. 43.

[176] auch Ratzinger, Jesus, Tl. II, S. 82: Das neue Gebot Jesu (Joh 15,12) ist keine neue Norm, sondern „*vom Heiligen Geist geschenkte neue Innerlichkeit.*"

[177] Ratzinger, Jesus, Tl. II, S. 152.

# 11. Literaturverzeichnis

Biblia Hebraica Stuttgartensia, Stuttgart[4] 1990

Septuaginta, Stuttgart 1979

Nestle-Aland, Das Neue Testament griechisch und deutsch, Stuttgart 1986

Goethe, J.W., Von deutscher Baukunst in: Fendrich, H., Himmelhoch! (WUB 37, Stuttgart 2005), S. 58

Herodot, Historien, 1, 47.53 zit. nach Leben gestalten 5, Unterrichtswerk für den katholischen Religionsunterricht an Gymnasien, Donauwörth 2005, S. 48.

Talmud, Pessachim 87b

mAv 4, 22

Becker-Huberti, M., Lexikon der Bräuche und Feste, Freiburg[4] 2007

DUDEN Herkunftswörterbuch, Mannheim, Wien, Zürich 1963

## 11.1. Kirchliche Dokumente

Deus Caritas Est (DCE), Verlautbarungen des Apostolischen Stuhls 171, 2006

Spe Salvi (SS), Verlautbarungen des Apostolischen Stuhls 179, 2007

Apostolische Reise Seiner Heiligkeit Papst Benedikt XVI. nach Berlin, Erfurt und Freiburg 22.–25. September 2011, Predigten, Ansprachen und Grußworte, Verlautbarungen des Heiligen Stuhls 189, 2011

## 11.2. Monographien und Aufsätze

Albani, M., Stars und Sterne. Der Stern des Messias und die Sterne der Könige in: WUB 26, Stuttgart 2002, S. 26ff.

Arp, C. und D., Mit dem Kopf durch die Wand. „Anstrengende" Kinder verstehen und begleiten, Gießen[5] 2009

Backhaus, F-J., Meyer, I., Das Buch Jeremia in: EAT 1,1, Stuttgart[7] 2008, S. 452 – 477.

Beltz, W., Die Mythen der Ägypter, Herrsching 1990

Bergmann, W., Lasst eure Kinder in Ruhe! München 2011

Birnstein, U., Katholisch? Never!, München 2010

Blasius, A., Zwischen Anpassung und Aufstand in: WUB 55, Stuttgart 2010, S. 43ff.

Blech, J., Geheimnis der Gesundheit in: DER SPIEGEL 40/2009, S. 122ff.

Bleicken, J., Augustus, Hamburg 2010

Böckler, A., Das Judentum entsteht im Babylonischen Exil in: WUB 37, Stuttgart 2005, S. 48ff.

Brandmüller, W./Langer, I., Der Fall Galilei und andere Irrtümer, Augsburg 2006

Braulik, G., Das Buch Deuteronomium in: EAT 1,1, Stuttgart[7] 2008, S. 136 – 155.

Budde, D., Kind, Gott und Pharao in: WUB 58, Stuttgart 2010, S. 32 – 36.

Butting, K., Prophetinnen auf der Spur in: WUB 34, Stuttgart 2004, S. 33 – 37.

Cannuyer, C., Lebt Gott im Himmel? in: WUB 26, S. 5 – 9.

Caquot, A., An den Wurzeln der Bibel in: WUB 23, Stuttgart 2002, S. 37 – 42.

Dohmen, C., „In weiter Ferne so nah!“ in: WUB 37, Stuttgart 2005, S. 43ff.

Ebner, M., Mensch wird Gott in: WUB 25, Stuttgart 2002, S. 36 – 45.

Ego, B., „Diese Welt ist wie ein Vorzimmer für die zukünftige Welt“ in: WUB 27, Stuttgart 2003, S. 52ff

Ego, B., Die dem Menschen zugewandte Seite Gottes in: WUB 50, Stuttgart 2008, S. 11ff.

Favreau-Lilie, M-L., Frömmigkeit und Geschäft. Die vielen Motive der Kreuzfahrer in: WUB 29, Stuttgart 2003, S. 14 – 17.

Fendrich, H., Himmelhoch! in: WUB 37, Stuttgart 2005, S. 58ff.

Finkelstein, I., Keine Posaunen vor Jericho, München 2006

Fischer, I., Perspektivwechsel in: WUB 34, Stuttgart 2004, S. 25 – 29.

Frevel, Ch., Grundriss der Geschichte Israels in: EAT 1,1, Stuttgart[7] 2008, S. 587ff.

Glonner, G., Zur Bildersprache des Johannes von Patmos, NTA 34, Münster 1999

Gnilka, J., Jesus von Nazareth, HthKNT Supl. 3, Freiburg I. Br. 1990

Gnilka, J., Das Matthäusevangelium, 2. Teil (HthKNT 1,2), Freiburg[2] 1992

Görg, M., Mythos, Glaube und Geschichte. Die Bilder des christlichen Credo und ihre Wurzeln im Alten Ägypten, Düsseldorf 1992

Graichen, G., Schliemanns Erben, Hamburg 2003

Herweg, R., Die Anfänge des rabbinischen Judentums und seine Entwicklung in: WUB 38, Stuttgart 2005, S. 21.

Horst, E., Caesar, Düsseldorf 1989

Keel, O., Die Welt der altorientalischen Bildsymbolik und das Alte Testament, Göttingen[5] 1996
Kiefer, C., Der Quantenkosmos, Frankfurt 2008
Kilian, S., Wechselhafte Beziehungen zum lieben Gott in: Farbe bekennen 12, München[2] 2000, S. 18 – 20.
Kinet, D., Baal ließ seine heilige Stimme erschallen… in: WUB 23, Stuttgart 2002, S. 43 – 48.
Knauf, E.A., Mythos Kanaan in: WUB 21, Stuttgart 2001, S. 41 – 44.
Knauf, E.A., David: Vom Helden eines Räuberromans zum inspirierten Sänger der Psalmen in: WUB 28, Stuttgart 2003, S. 13 – 16.
Kollmann, B., Halbgott in Weiß in: WUB 25, Stuttgart 2002, S. 28 – 35.
Kügler, J., Geboren aus dem Tau des Himmels in: WUB 58, Stuttgart 2010, S. 27 – 31.
Küstenmacher, M., Haberer, T., Küstenmacher, W., Gott 9.0. Wohin unsere Gesellschaft spirituell wachsen wird, Gütersloh 2010
Lamb, S. / Sington, D, Die Erd-Geschichte, Köln 2000
Lambert, J., Der prophetische Bruch in: WUB 34, Stuttgart 2004, S. 10 – 13.
Lang, B., Die Erfindung des Himmels in: WUB 26, Stuttgart 2002, S. 13ff.
Le Bourhis, A.-M., Vivez en enfants du lumière. Premiere année 7 – 8 ans, in: Editions du Jubilé, Paris 2007
Le Bourhis, A.-M. / Caulle, B., „Komm, folge mir nach“ ein Weg der Glaubensvermittlung. Leitfaden für den Katechisten, in: Editions du Jubilé, inoffizielle deutsche Übersetzung ad experimentum, Weisendorf o. J.
Lehmann, K., Ein Papsttitel als Programm in: WUB Sonderheft 2006, S. 5 – 8.

Lippert, H., Tod im Schilfmeer in: Terra X. Mumien, Magier, Meuterer, München 1993

Lütz, M., Gott. Eine kleine Geschichte des Größten, München 2007

Lütz, M., Bluff!, München 2012

Maier, M., Die Plünderung der Welt, München 2014

Marguerat, D., Das enfant terribl des Christentum in: WUB 20, Stuttgart 2001, S. 5ff.

Marguerat, D., Jüdischer Skeptiker oder authentischer Apostel? Paulus als Interpret Jesu in: WUB 38, Stuttgart 2005, S. 26ff

Marx, R., Die Säkularisierung in Europa als Herausforderung an die Kirchen, Vortrag im Kardinal-Wendel-Haus, München 21.01.2011

Melloni, G.P., Templer, Johanniter und Deutschordensritter. Die geistlichen Ritterorden im Heiligen Land in: WUB 29, Stuttgart 2003, S. 52 – 58.

Melloni, G.P., Der Glaube an die Auferstehung. Das Zeugnis der Gräber in: WUB 43, Stuttgart 2007, S. 41 – 43.

Merkt, A., Die größte Jugendbewegung der Antike in: WUB 60, Stuttgart 2011, S. 11 – 17.

Mimouni, S.C., Debatten über die Anfänge Jesu in: WUB 6, Stuttgart 1997, S. 29 – 30.

Morris, D., Das Tier Mensch, Köln, 1994

Nöhbauer, H. F., Die Wittelsbacher in: Die großen Dynastien, München 1978, S. 333 – 348.

Norwich, J., Byzanz. Der Aufstieg des Oströmischen Reiches, Düsseldorf/München 1998

Ortkemper, F.-J., Tod, wo ist dein Stachel in: WUB 40, Stuttgart 2006, S. 43 – 49.

Raffalt, R., Große Kaiser Roms, München 1977

Ratzinger, J., Einführung in das Christentum, München[3] 2005
Ratzinger, J., Glaube – Wahrheit – Toleranz. Das Christentum und die Weltreligionen, Freiburg, Basel, Wien[3] 2004
Ratzinger, J., Ohne Wurzeln, Augsburg, 2005
Ratzinger, J., Jesus von Nazareth. Teil I: Von der Taufe im Jordan bis zur Verklärung, Freibg., Basel, Wien, 2007
Ratzinger, J., Jesus von Nazareth. Teil II: Vom Einzug in Jerusalem bis zur Auferstehung, Freiburg, Basel, Wien, 2011
Römer, T., Aus der Not geboren. Die Entstehung der Biblischen Geschichte zwischen Babylon und Palästina in: WUB 28, Stuttgart 2003, S. 4 – 7.
Römer, T., Ein einzigartiger Vermittler. Die Biographie des Mose nach den biblischen Texten in: WUB 41, Stuttgart 2006, S. 12 – 18.
Rosen, K., Auf der Suche nach dem glücklichen Leben in: WUB 39, Stuttgart 2006, S. 26 – 31.
Schaper, J., Schatzhaus, Bank und Prägeanstalt in: WUB 47, Stuttgart 2008, S. 28 – 33.
Schneider, T., Als wärs von Gott direkt…, Lehramt und Unfehlbarkeit der Kirche in: WUB Sonderheft 2006, S. 67 – 71.
Schroer, S. / Staubli, Th., Die Körpersymbolik der Bibel, Gütersloh[2] 2005
Saur, M., Ein Dokument für die Geschichte des hellenistischen Judentums in: WUB 55, Stuttgart 2010
Spindler, B., Unsichtbare Freunde in: Leben & erziehen 4/2015, S. 26f.
Staubli, Th., Ist die Bibel fertig? in: WUB 28, Stuttgart 2003, S. 50 – 53.

Stierlin, H., Griechenland. Von Mykene zum Pathenon, Köln 1997

Theuer, G., Seher, Ruferinnen, Zukunftskundige. Prophetie in der Umwelt Israels in: WUB 34, Stuttgart 2004, S. 14 – 21.

Thiess, F., Die griechischen Kaiser, Augsburg 1992

Thomas, F., Spiele und Feste zu Ehren der Athene in: WUB 39, Stuttgart 2006, S. 20 – 25.

Türcke, C., Mehr! Philosophie des Geldes, München 2015

Vannier, M.-A., Hindurchgang zum Leben in: WUB 40, Stuttagrt 2006, S. 39 – 41.

Villeneuve, E., Die Feste des Neuwerdens im Alten Orient in: WUB 40, Stuttgart 2006, S. 13 – 17.

Vouga, F., Paulus und der Entwurf einer neuen Welt in: WUB 20, Stuttgart 2001, S. 57ff.

Wetzel, C., Wann wuchsen den Engeln Flügel? in: WUB 50, S. 57ff.

Wimmer, S. / Leimgruber, S., Von Adam bis Muhammed, Stuttgart 2005

Zenger, E., Echnaton und Mose in: WUB 22, Stuttgart 2001, S. 27ff.

Zenger, E., „… damit sich erfüllt, was der Herr durch die Propheten gesagt hat“ in: WUB 34, Stuttgart 2004, S. 30 – 32.

Zenger, E., Theorien über die Entstehung des Pentateuch in: EAT 1,1, Stuttgart[7] 2008, S. 74 – 123.

Zenger, E., Die vorpriester(schrift)lichen Pentateuchtexte in: EAT 1,1, Stuttgart[7] 2008, S. 176 – 187.

Zenger, E., Eigenart und Bedeutung der Prophetie Israels in: EAT 1,1, Stuttgart[7] 2008, S. 417 – 426.

Zenger, E., Das Zwölfprophetenbuch in: EAT 1,1, Stuttgart[7] 2008, S. 517 – 586.

Zenger, E., u.a., Einleitung in das Alte Testament in: EAT 1,1, Stuttgart[7] 2008
Ziebertz, H-G., Wer lernt? – Die Adressaten als Subjekte religiösen Lernens in: Religionsdidaktik. Ein Leitfaden für Studium, Ausbildung und Beruf, München[4] 2007, S. 153ff.

Religion vernetzt, Unterrichtswerk für katholische Religion an Gymnasien, München 2004 – 2010
Religion am Gymnasium 8, Unterrichtswerk für katholische Religion an Gymnasien, München 2002
Zeit mit Gott 1/2009, S. 9f.

## 11.3. Multimedia

Faltin, S., Der Kunde als Knecht - Warum wir alles selber machen, ein Film über den Arbeitenden Kunden, Erstsendung SWR, 19.05.08
Report Mainz (ZDF) vom 24.01.2011
Der andere Jesus, ORF 2004 (kreuz & quer)
Human Journey – Wie der Mensch die Welt eroberte, BBC 2010, Teil 1
Käsmann, M., Das Bibelrätsel in: Terra X 2012; http://www.zdf.de/terra-x/brennende-dornbuesche-25125046.html

## Abkürzungen

| | |
|---|---|
| BHS: | Biblia Hebraica Stuttgartensis |
| EAT: | Einleitung in das Alte Testament |
| HthKNT: | Herders theologischer Kommentar zum Neuen Testament |
| WUB: | Welt und Umwelt der Bibel |

Georg Glonner

# Ist die Kirche am Ende?

Unsere Gesellschaft hat so ihre ganz eigenen Ansichten über „die Kirche". Wenn Kardinal Gerhard Ludwig Müller in Europa gar von einer *verfolgten Kirche* spricht, mag er für viele das Gras wachsen hören. Ganz so abwegig ist diese These aber tatsächlich nicht. In dieser Untersuchung wird zuerst die Perspektive analysiert, aus der heute die Kirche betrachtet wird. Dann gehen wir der Frage nach, was eigentlich unter „Kirche" zu verstehen ist. Es mag den Leser überraschen, welche Kräfte diese Gemeinschaft auch heute noch zu entfalten imstande ist und wem das nicht gefällt.

Schließlich beschäftigen wir uns damit, wie Glaube sinnvoll weitergegeben werden kann – privat und über den Religionsunterricht, der oft genug das einzige Medium darstellt, durch das Schüler heutzutage mit der Kirche in Berührung kommen.

*Das Buch erscheint 2016*

VERLAG GEORG GLONNER